www.gesteditions.com

CARNET DE BORD
D'UN ÉLU VENDÉEN

Olivier Coutansais

CARNET DE BORD D'UN ÉLU VENDÉEN

LA GESTE

« L'histoire d'un peuple est inséparable
de la contrée qu'il habite. »

Paul Vidal de la Blache[1]

1. Paul Vidal de la Blache (1845 – 1918) : géographe français. Il est l'artisan de l'introduction de la géographie dans l'enseignement général. Éditeur de matériel scolaire, il est connu de tous pour ses fameuses cartes accrochées aux murs de nos classes d'école

Prologue

J'habite à Moutiers-les-Fidèles, j'y suis élu, adjoint au maire, responsable de l'urbanisme et de l'économie et vice-président de la communauté de communes Vendée Sud Atlantique, en charge du développement économique. Mes indemnités mensuelles s'élèvent à 1 243 € et se répartissent en 623 €, perçus en tant qu'élu municipal et 620 € correspondant à mon mandat d'élu communautaire. Je partage mon temps entre mon métier, mes mandats et essaye d'en garder un peu pour ma famille.

Moutiers-les-Fidèles doit son nom glorieux à l'adhésion de ses habitants aux idées de la Révolution : « Fidèles à la République ». Engouement spontané, euphorie des premières heures. Zèle de quelques années durant lesquelles l'église y devint un temple consacré au culte de la Raison. Peu après la période révolutionnaire, l'Être suprême ayant rendu l'âme, et selon la lumineuse formule de Philippe Muray[1], *la guillotine qu'il fit fonctionner au lubrifiant de la vertu* étant remisée, la commune retrouva son nom originel : Moutiers-les-Mauxfaits. C'est encore celui qu'elle

---

1. Philippe Muray (1945-2006) : Romancier, philosophe et essayiste français.

porte aujourd'hui. « Moutiers » fait référence à « monastère ». Il y en avait deux au Moyen Age, témoignage d'une activité religieuse intense en ces lieux.

Le temps d'un livre, il m'a plu de me faire citoyen de Moutiers-les-Fidèles. Le couple que forment la calotte et le bonnet phrygien dit tant de notre histoire de France. C'est aussi une association très vendéenne. La synthèse entre Georges Clemenceau et Jean de Lattre de Tassigny. Tous deux, vendéens, sont nés dans le même village à Mouilleron en Pareds, où viennent se rencontrer – pour mieux s'y estimer peut être – la plaine remontant du sud et le bocage descendant du nord. Entre le républicain laïc aux origines protestantes et l'aristocrate catholique à la sensibilité monarchiste, rien de commun, si ce n'est l'essentiel, *l'Union Sacrée* au service de la France. Tous deux se retrouvent ensemble, auréolés d'une même gloire, grands patriotes, grands français.

Grisé par mon audace de changer le nom de Moutiers-les-Mauxfaits, j'ai poursuivi ainsi pour le reste de l'ouvrage, affectant, presque systématiquement, de nouveaux noms aux personnages comme aux lieux. J'ai vu dans ce choix le moyen de donner à mon propos une portée générale et non exclusivement locale. Le procédé confère en outre l'avantage de ne pas personnaliser. Lorsque je dénonce ou condamne, ce qui peut m'arriver dans cet ouvrage, ce sont des situations, des pratiques ou un système, voire une fonction, mais en aucun cas des personnes. Il ne s'agit pas ici d'incriminer, encore moins de blesser.

La commune de Moutiers-les-Fidèles est située en Vendée, au sud du département, à une dizaine de kilomètres en retrait de l'océan, elle compte 2 200 habitants et la communauté de communes en rassemble 32 000. À Moutiers, comme sur le reste du territoire, à l'exception d'une frange littorale plus densifiée, c'est le rural qui domine. Un rural « qui fonctionne bien », vivant, non affecté par la désertification. La population croit, les services publics sont présents, le tissu associatif est dynamique. La densité des médecins généralistes, comme dans beaucoup d'endroits en France, est faible et poursuit une courbe descendante. L'économie est caractérisée par des exploitations agricoles orientées vers une poly-activité faite d'élevage bovin et de culture céréalière et fourragère. L'artisanat est dense, implanté dans chaque commune. La place de l'industrie reste faible, malgré la présence de quelques entreprises majeures. Dans les communes principales, comme Moutiers, le commerce de centre-bourg se maintient. En périphérie, la grande distribution alimentaire s'est développée. Le tourisme, marqué par une forte saisonnalité (de mai à fin septembre) est une composante importante, sur notre littoral, de l'activité économique.

Dans le cours de mon troisième mandat, comme pour poser un premier bilan, et avant de me diriger vers la porte de sortie, il m'a paru utile de revenir sur mes quinze années effectuées en tant qu'élu municipal. Je me suis replongé dans mes notes consignées dans un carnet de bord. Sans souci de plaire et sans ordre chronologique ni d'importance, j'ai voulu extraire – comme pourrait le faire un peintre de couches déposées au couteau – les impressions marquantes fixées çà et là, au gré des événements, des rencontres, des réunions… Me mettre en retrait, pour mieux révéler le sens du tableau exposé. Dégager de la trame sensible de ma vie d'élu et de citoyen impliqué, l'image contrastée de mes enchantements et de mes colères, de mes doutes et de mes certitudes, de mes amusements comme de mes découragements.

L'amour de ma petite patrie me fait aimer la grande. Il en est souvent ainsi, c'est le premier qui nourrit le second ; encore une vertu oubliée de la proximité. Nous devrions nous en souvenir à l'heure où le débat sur l'intégration est presque derrière nous et que gagne le renoncement à faire aimer la France par tous.

Être élu local, c'est être un citoyen pleinement investi, au service de sa commune bien sûr, mais au-delà, pour son pays, en tout cas est-ce comme cela que je le conçois. Je n'ai rien voulu cacher de mes engagements sur quelques grands sujets nationaux. Personne ne m'a demandé mon avis, seuls les grands édiles sont sollicités. Ayant pour ma part, toujours considéré que Moutiers-les-Fidèles n'était certes pas plus, mais assurément pas moins la France que Paris, Strasbourg ou Marseille… j'ai pris la liberté de m'exprimer.

J'ai voulu écrire à hauteur de terrain. Les livres sur les collectivités, le local, la proximité, l'aménagement du territoire, le rural… sont nombreux. Ils ont en général pour auteur des universitaires, des journalistes, des chercheurs, des fonctionnaires en retrait de leur charge… Ils sont souvent intéressants, brillants parfois. Le discours qui y est tenu peut être pertinent, il a la particularité de provenir d'à côté et d'en haut, il en est parfois déconnecté voire sentencieux. Le mien vient de l'intérieur et d'en bas. C'est sa singularité.

C'est le livre rare d'un élu local de base, d'un sans-grade. Les élus municipaux, accaparés par le quotidien, *bonnes à tout faire de la République*, sont au travail, ils n'ont pas le temps d'écrire. Seuls quelques maires de grandes villes, en général pour se hisser à la hauteur d'un destin qu'ils imaginent national, prennent parfois la plume. Rien de cette ambition ici. Tout simplement la volonté de décrire le bonheur de la vie locale, louer l'énergie, l'imagination, la foi du charbonnier des élus de terrain. Dire la force et les ressources insoupçonnées de la démocratie locale, mais aussi pointer ses dysfonctionnements et plus, même, le mal qui la ronge. Dénoncer la marginalisation des petites communes, le national qui fait fausse route et ne comprend rien au « vieux pays », le déménagement raisonné du territoire. S'emporter contre le détricotage de la maille rurale et la relégation de ses habitants en citoyens de seconde zone.

Qu'est-ce que le local nous dit du global ? Comment juge-t-il l'échelon supérieur ? Comment ce qui se passe au plus près nous renseigne sur la marche du Pays et nous apprend sur l'esprit dominant du temps ?

À l'aune de la proximité, c'est la réflexion, « bouchez-vous les oreilles », d'un politique. La mise en garde, puisque c'en est une, me semble nécessaire. On a voulu cantonner les élus au seul rôle de technicien, mobiliser leur savoir-faire au tri et à la valorisation des déchets, solliciter leur expertise à la largeur des trottoirs, en faire des agents de maintenance capables *de repeindre les cages d'escaliers et d'assurer le bon fonctionnement des ascenseurs*[1]... Conséquence logique de cette assignation au prosaïsme, le choix par les élus d'un parti pris, l'affirmation de principes sont devenus suspects. Les maçons se sont substitués aux architectes, les apporteurs de solutions aux porteurs de convictions. Est-ce satisfaisant ? Non à l'évidence. Surtout lorsque les décisions prises se révèlent n'être que des pis-aller.

Persuadés que le peuple n'attend que des réponses et n'a plus besoin de perspectives, nos responsables nationaux n'ont eu pour politique que la « solutionnite ». Ils se sont faits fournisseurs d'expédients, incapables d'imaginer l'avenir. Tous bords

1. Référence au discours de politique générale de Michel Rocard du 29 juin 1988 dans lequel il dit sa volonté « d'agir directement sur l'entretien des logements, sur les réparations des cages d'escaliers, des ascenseurs, des halls d'entrée. »

confondus, ils sont devenus des experts du *vivre ensemble. Vivre ensemble oui, mais quoi*? Interroge le candide.

Quant à la politique du territoire, notre patrimoine national commun, j'entends celle qui se rapporte à l'espace physique qui fait la France et s'attache à sa protection, sa prospérité, son équilibre et son harmonie, c'est bien simple, elle est inexistante. Une carence qui ouvre sur une béance insondable et révèle une absence complète de vision sur le sujet.

Et si le local, singulièrement le rural, nous offrait l'aubaine d'un nouveau souffle? Si les trésors qu'il conserve, les vertus qu'il cultive et les valeurs qu'il chérit nous invitaient à une nouvelle perspective, à dessiner un horizon, à pointer un cap? Sortons des limites de notre pré carré, le monde est si vaste et nos réflexions si convenues. Élevons nous! Ensemble élançons nous *vers les champs lumineux et sereins*[1] !

C'est la proposition très immodeste de ce livre. Le projet est irréaliste, je l'assume. Nul besoin de m'attaquer sur ce flanc dans un procès en utopie. En vérité, où est la déraison? C'est bien lorsque les échappées belles sont condamnées que le maniement de la clef des champs se révèle raisonnable et le réalisme désespérément inopérant.

L'heure est à l'artifice et aux paillettes. Au selfie, au tweet, anonyme de préférence, au post Facebook, incendiaire c'est mieux… Ainsi vit notre agora, ainsi va notre débat. Difficile d'écrire dans le vacarme. L'exercice appelle une retraite, commande l'aménagement d'un sanctuaire hors du tumulte.

Si l'ascèse est requise je n'ai pas voulu pour autant me mettre à distance. La politique est par essence une activité humaine,

1. Référence au poème «*Élévation*» de Charles Baudelaire

un mode d'action incarné. Il aurait été malhonnête de confectionner mon ouvrage sans y impliquer ma personne. La loyauté m'intimait l'ordre d'y mettre de moi-même. Vous trouverez donc, sans exhibition, quelques échantillons de chair et de sueur, ils m'appartiennent. Un peu du bois qui fait la charpente de mon édifice, des extraits de mon histoire... Ils vous surprendront, vous choqueront, vous décevront, vous enchanteront... *hypocrite lecteur, mon semblable mon frère.*

J'ai opté pour un ton léger, considérant, pour reprendre une formule qui fit florès lors des hommages rendus à Jean d'Ormesson au moment de sa mort, que la légèreté est simplement le contraire de la lourdeur et non de la gravité. Ainsi, sur un sujet sérieux j'ai parfois fait le choix d'accommoder la réalité mais jamais je n'ai trahi la vérité. Usant de la fiction quelques fois et même de la farce, voire de la caricature, j'ai souvent pris le parti d'amuser pour décrire une situation, révéler un trait que l'œil nu ne parvient pas à distinguer, faire partager un sentiment ou affirmer une conviction.

LE PAYS

Manif à Paris

Un vendredi soir, Paul (dit Pablo pour les intimes), le premier adjoint de la commune, m'appelle. « Demain à Paris les médecins généralistes manifestent. On monte faire un tour ? Ça fait des plombes qu'on cherche à implanter un toubib supplémentaire chez nous et on va en avoir sous la main des centaines »

— Pas con mon Pablo. »

On se retrouve à la mairie, rédaction rapide d'un tract claire, sans fioritures : MOUTIERS LES FIDÈLES – VENDÉE (important la Vendée ; c'est un vecteur puissant d'attractivité) RECHERCHE MÉDECIN GÉNÉRALISTE. Une carte localisant la commune : « entre Nantes et La Rochelle, à 10 mn des plages de l'Atlantique » est ajoutée avec quelques précisions complémentaires : école, collège, commerces et tous services. Le téléphone de la mairie est inscrit, ainsi que nos deux numéros de portables. La photocopieuse tourne, 500 exemplaires sont imprimés. Un passage au local technique permet de récupérer deux panneaux sur lesquels nous fixons en version grand format, l'accroche percutante qui attirera l'attention. On se quitte à 23h00. Rendez-vous est donné à 8h00. On montera ensemble à Nantes pour attraper le TGV.

12h00, notre petit commando débarque à Montparnasse. Trente minutes plus tard nous sommes sur place. Le départ du cortège est fixé à 14h30. La stratégie est claire : occuper le terrain, donner l'illusion que Moutiers s'est démultipliée. Moutiers est en place, Moutiers s'est mobilisée en force ! Paul se poste au premier tiers du cortège sur son flanc droit. J'occuperai pour ma part le deuxième tiers, flanc gauche.

L'ambiance est bon enfant. Mon panneau au slogan autant racoleur qu'énigmatique « *I need you for Moutiers-les-Fidèles !* » interpelle. La discussion s'établit. J'explique l'initiative. J'ai droit à quelques félicitations et encouragements. Pour certains, la condescendance n'est pas loin. Ça se sent, la démarche est jugée sympathique, mais perdue d'avance. « S'installer dans un trou, vous n'y pensez pas ! » Je mesure ici combien je suis un extra-terrestre. La société française respire l'urbain par tous ses pores. C'est culturel. C'est ancré. C'est désormais sa seule nature, la campagne c'est le trou, le bled, la cambrousse.

Je distribue mes tracts, en ciblant plutôt les jeunes. J'aborde une interne. Elle s'appelle Rachel. Jeune, dynamique, le teint bronzé, belle à tomber il faut bien le dire. Je l'attaque par l'Atlantique, les plages de sable fin, *la vague irrésolue*... j'ai vu juste, elle est surfeuse. Comme un bon VRP je déroule l'argumentaire, facile. Aux Conches, à 15 minutes de voiture tout au plus de Moutiers-les-Fidèles, le bon spot, les rouleaux de folie... C'est imparable. Mais patatras ! Avec son compagnon, elle vient de Bordeaux, à quelques encablures des meilleures plages des Landes. Blagueur, je lui demande si par hasard son petit chéri ne s'appellerait pas *Igor d'Hossegor*[1]. Tous deux comptent s'installer définitivement dans la capitale d'Aquitaine, ils y ont leurs

---

1. Référence au film *Brice de Nice* réalisé par James Huth en 2005.

amis et pour pratiquer la médecine, un environnement idéal : spécialistes, hôpitaux.... Comme un dernier baroud, je lance un pathétique « À Moutiers-les-Fidèles, on kiffe les Rachel ! ». Elle rit. On se quitte. C'était un bon moment.

En première ligne, Paul est dans le dur. Il fait face à un front plus dense et plus hermétique. Les officiels sont là. La fine fleur du syndicalisme médical. Les gardiens qui défendent le temple d'une médecine généraliste libérale. Vous savez, ce libéralisme à la française promu par de grands libéraux qui vont bien vite se réfugier sous les jupons de l'État lorsqu'on évoque une baisse du taux de remboursement des honoraires ou une possible réduction de la prise en charge des études médicales. D'un geste brusque, l'un des leaders arrache le tract : « S'installer chez les culs-terreux ? Pour ceux qui veulent OK, pour moi jamais ! Qu'on vienne pas m'emmerder demain avec une loi qui voudrait obliger des médecins à s'installer quelque part ! Et puis soigner que des vieux (c'est bien connu, à la campagne il n'y a que des vieux) ça va bien ! J'ai pas fait 10 ans d'étude pour me cantonner en gériatrie ! ».

À 16h00, on plie les gaules, retour à Montpanasse. Dans le bar du TGV, bière, salade, café, on fait le bilan. « Alors Pablo ?

— Pas grand-chose, deux ou trois contacts par-ci par-là. J'ai pris quelques téléphones, sans illusion. À rappeler quand même le mois prochain, on ne sait jamais. Quand je pense que tous ces ronds-de-cuir se la jouent Bastille, gardien de la République, défense du service public, liberté, égalité d'accès aux soins pour tous !...

— Rien de très extraordinaire non plus de mon côté. Juste un jeune médecin. Très sympa, parents éleveurs de chevaux, il aime la campagne, monte à cheval. Il vient de finir ses études à Nantes et il fait des remplacements dans la région.

— Ça sent bon !

— Pas sûr, son amie est encore en étude de gynéco à Nantes. Le temps qu'elle termine, il va encore faire des remplacements pendant deux ans au moins. Après, je sens bien que le couple vise la région nantaise. Ville pour la pratique médicale, ses environs pour la vie perso. J'ai bien essayé de placer la Roche sur Yon. Elle, au centre hospitalier qui manque cruellement de gynéco, lui, à trente minutes de Moutiers-les-Fidèles et une maison de campagne au milieu avec des enfants et des chevaux ; *elle est pas belle la vie* ? Poliment il n'a pas dit non, mais je sens bien que le cœur n'y est pas. Difficile de résister aux sirènes nantaises ; la ville, la fac, les copains, l'offre culturelle, les études demain pour les enfants… »

Une économie de cueillette

Un soir de « com com », comprenez un soir de réunion du conseil de la communauté de communes, j'intervins sur la commercialisation des terrains dans nos zones d'activités. C'est mon rôle, je suis vice-président de la communauté de communes Vendée Sud Atlantique, délégué au développement économique. J'évoque l'implantation récente de deux entreprises. C'est un succès. Il faut s'en réjouir, pour les emplois qui vont être créés bientôt et pour la richesse générée qui profite au territoire. J'attire l'attention de mes collègues. Nous vendons à un bon rythme. C'est le résultat d'un territoire attractif et d'une politique volontariste. Bravo ! C'est l'occasion pour moi de saluer l'impulsion donnée par la Président dans cette direction. Prenons garde cependant, le foncier à vocation économique sous peu va nous manquer. Nous devons engager une action déterminée de création de foncier disponible pour aménager des zones d'activités et favoriser l'accueil des entreprises.

Je termine mon propos. Un sujet chasse l'autre. À la table des élus, mon voisin de gauche me chuchote : « attention quand même à ne pas mettre trop d'entreprises, il ne faudrait pas massacrer notre cadre de vie ». Voilà, nous y sommes ! Le rural comme espace à contempler, territoire à mettre sous cloche, conservatoire à protéger. C'est le genre de réflexion qui m'insupporte au plus haut point ! Quand les ruraux sont gagnés par le modèle de pensée dominant imposé par les urbains. Et nos jeunes, qu'est-ce qu'on en fait ? Ils vont travailler en ville ? On se convertit à la décroissance ? On opte pour la dévitalisation ? En bon patois vendéen, on poursuit le *brain drain*[1] ? Pendant ce temps, nous on jardine, histoire de bien accueillir les urbains, quinze jours par an, qui viendront couper les belles fleurs au jardin d'Éden !

Citadins soit dit en passant, qui l'ont bien foutu en l'air leur propre environnement et se permettent de donner des leçons à tout le monde. Il me semble qu'en termes d'aménagement de l'espace, bilan contre bilan, les ruraux ont plié le match. Non seulement ils n'ont pas à rougir mais ils sont exemplaires, conscients qu'ils sont d'être les dépositaires, et non les propriétaires, d'un territoire qu'il leur reviendra de transmettre aux générations suivantes. Il suffit de leur faire confiance et les paysages de France seront bien gardés.

Ma réputation auprès de mon collègue élu est faite ! Attila des pâquerettes, fléau des vertes prairies ! Où je passe, rien ne repousse !

1. Terme anglais souvent employé dans le langage techno pour parler de la fuite des cerveaux.

C'est vrai que j'y mets de l'énergie à permettre l'implantation d'entreprises, notamment industrielles, sur les communes de Vendée Sud Atlantique. L'action passe par la création d'infrastructures spécifiques comme les zones d'activités. Oui, il faut consommer du terrain pour implanter des entreprises. C'est un reproche qu'on me fait souvent. Je rétorque que parmi tous les secteurs d'activité l'industrie est l'un de ceux qui peut afficher un rapport emploi sur surface occupée des plus avantageux. Seul le tertiaire fait mieux, mais sa contribution à la création de richesse et à la valeur ajoutée est faible voire nulle. Je prends souvent l'exemple d'une entreprise de confection, petite PME à vocation industrielle comme il y en a quelques-unes sur notre territoire. L'entreprise compte 50 emplois, elle est implantée sur une parcelle de 3 000 m^2 dans la zone d'activité des Alisiers à Moutiers-les-Fidèles. Un emploi pour 60 m^2, qui dit mieux ? À ce stade de ma démonstration, on me fait souvent le coup des emplois indirects ; des externalités positives comme disent les technos : « il faut tout compter Olivier, l'exploitation agricole par exemple, avec ses 100 hectares et ses 2 emplois, elle fait travailler l'entreprise agroalimentaire, le boucher du coin, le concessionnaire de matériel... » L'argument est recevable, je le fais mien d'ailleurs. À telle enseigne que je l'applique à mon fabricant d'habillement. Pour lui aussi il y a lieu de compter le fabricant de tissu, le fournisseur d'accessoires, les transporteurs qui assurent livraison et expédition...

Élu, l'expérience aidant, j'ai compris avec stupéfaction je dois le dire, que l'appui au développement économique n'est pas une mission qui va de soi. Il faut non seulement se battre pour en faire accepter le principe mais de surcroit affronter une réglementation nationale malthusienne à souhait, conçue par une technostructure politico-administrative qui bride les initiatives et réduit les espaces ouverts à l'accueil des entreprises. Il me semble d'ailleurs, avec le temps, que la bataille est de plus en difficile à gagner.

Le mouvement vient de loin et se trouve renforcé depuis quelques années par la montée en puissance des écologistes. Il y a d'abord eu nos élites, qui fin 70 début 80, ont rêvé d'une France sans usine. « Aux pays à bas coût, les taches dégradantes de fabrication, à nous les missions nobles de la recherche et du service. » Sublime chef-d'œuvre de la pensée technocratique. Quarante ans après, à l'heure du coronavirus, on se retrouve pays déclassé à mendier des masques et des médicaments.

La voie était tracée, les écolos bobos ont poursuivi le chemin. Idées préconçues, pensée toute faite : une entreprise, ça prend de la place, ce n'est pas beau dans le paysage, ça fait du bruit, ça pue parfois. Le développement ? Non merci, sans façon ! Et puis il y a les ouvriers. Déjà chassés de Paris, du cœur des métropoles et d'ailleurs. Il faut continuer, poursuivre l'exil et la relégation du petit peuple. « Ces gens-là, ils ne pensent pas comme nous, les minoritaires à la pensée dominante. Permaculture, tourisme (gîte et camping à la ferme exclusivement) et circuit court, les nouvelles mamelles de la France ! »

Mais il serait trop facile de nous dédouaner. Comprenons-nous encore ce qui fait la richesse des nations et concourt à leur puissance ? Savons-nous distinguer ce qui relève de l'économie de transfert (négoce, service…) de ce qui contribue à la création de valeur (agriculture, industrie, recherche…). Il y a, issu d'un formatage de deux générations, opéré largement par l'Éducation Nationale, plus qu'un désamour, un dédain profond, très français, de nos représentants pour l'industrie. C'est avec cet état d'esprit qu'on veut nous faire croire que la France, sans produire, maintiendra son rang et restera un acteur majeur dans le concert des nations. Pour ma part, j'ai toujours beaucoup aimé le mot « industrieux ». Vieilli et peu usité, il caractérise quand il se rapporte à une personne, un individu, habile, efficace, ingénieux. Quand il est employé en référence à un pays ou un territoire c'est pour signifier sa richesse, basée sur l'industrie, les savoir-faire, l'inventivité.

« Dis Papa c'est quoi un déserteur ?

— Un fabricant de désert mon chéri. » C'est la réponse qui fusa et le rire qui l'accompagna suite à l'interrogation de mon fils. Une réaction nerveuse en vérité, tellement j'étais à cran au sujet des politiques et réglementations imposées par l'État en matière d'urbanisme et d'occupation des sols. Je revins bien vite à mon rôle de papa-éducateur. En quelques clics sur mon portable, je pris la définition. « Déserteur/déserter : quitter l'armée/son poste illégalement ». Abandonner le terrain en somme, c'est bien ce que je disais.

Quel est cet étrange rapport que nous entretenons avec notre territoire ? Au nom de quelle conception nous sommes-nous convaincus que c'est en le désertant que nous le sauverons ? L'urbanisation accélérée de la France à compter de l'après-guerre, qui a pris la forme d'une concentration autour des pôles urbains, a acté la rupture physique de la population française, depuis deux générations au moins, avec le règne animal sauvage, chevreuils et sangliers, grives ou perdreaux… Mais au-delà, avec la nature tout simplement, les champs de blé, les prairies avec vaches et moutons, les rivières et torrents, *les étangs, les vallées, les montagnes, les bois, les nuages, les mers*[1]…

1. Référence au poème *Élévation* de Charles Baudelaire.

Quelle en est la conséquence? La communauté nationale conçoit désormais un rapport singulier avec l'espace reculé (le plus vaste dans les faits) du territoire national, la campagne, le rural. Il y a, loin des yeux près du cœur, conséquence d'une époque qui a tué Dieu, l'avènement d'un nouvel animisme, l'adoration pour une nature divinisée. Dès lors, l'approcher ne peut être qu'un rare privilège. Quant à l'exploiter (l'exploiter ou la cultiver? Là est la question) c'est un odieux sacrilège. La sentence prononcée par les prêtres de la nouvelle religion est sans appel. Consommer l'espace, c'est forcément le consumer. Le travailler, c'est le violer.

L'évangélisation ne va pas sans peine pour autant. Des résistances s'affirment. Paradoxalement ce n'est pas du côté politique, là où légitimement on pourrait s'attendre à l'expression d'une opposition, voire espoir fou, à la proposition d'une alternative, que les écologistes adoubés par Europe Écologie Les Verts (EÉLV) trouvent des contradicteurs.

Dans la course folle au leadership de la gauche, les socialistes ont pratiqué la fuite en avant. La compétition est à celui qui roule plus vert. À ce jeu, ils courent derrière désormais. La formule en vertu de laquelle, *l'original est toujours préféré à la copie*, s'impose aussi de ce côté de l'échiquier politique. Les militants de la dernière heure sont toujours perdants.

À droite, c'est la paresse intellectuelle qui domine, caractéristique d'un parti de notables préoccupés par la gestion du quotidien et le souci d'assurer ses arrières. Ici, on est incapable depuis quarante ans d'élaborer un socle d'idées qui fédère, avant même les français, son propre camp. En conséquence on reste sur le bord de la route à regarder passer le peloton. Que l'écologie puisse faire l'objet d'un débat qui nourrisse une contre-proposition ne vient même pas à l'idée.

Côté Le Pen, les gènes de l'opportunisme, ont trouvé dans le ventre mou politique un bouillon de culture fertile. Le bénéfice électoral qui pouvait être tiré dans les territoires ruraux d'une droite et d'une gauche qui ont capitulé en rase campagne (c'est le cas de le dire) a rapidement été assimilé. À la va-vite, sous l'enseigne du *localisme*, une offre a été bricolée. Elle se concentre autour de la promotion d'un rural réduit aux acquêts. J'entends à ce qui lui reste, c'est-à-dire pas grand-chose aujourd'hui. C'est la renonciation à la promesse qu'il porte. Le produit exposé dans la boutique du Rassemblement National est fidèle à ses propriétaires, à courte vue. Le rural y est mis sous cloche, confiné à l'espace d'un pré carré.

En fait c'est du côté du peuple que l'opposition, construite ou non, est la plus résolue. Il y a d'abord un fossé culturel qui se creuse, parfois jusqu'à la détestation à l'endroit des prêcheurs exaltés, gourous illuminés ou encore ayatollahs du credo écologiste. Le cadre écologiste patenté est perçu comme n'aimant ni le peuple, ni la France profonde, la France au fond. Il nourrit un complexe de petit blanc. Il exècre le peuple dont il est issu. Comme un renégat, il a tout fait pour s'en échapper n'ayant pu concevoir qu'il y avait une fierté à en être. Il récuse ses rites, veut interdire ses fêtes, fermer ses lieux de rassemblement. Incorporé socialement au bataillon de la classe moyenne, il crève de ne pas appartenir – encore – au cercle des décideurs, cette aristocratie qui a acquis sa place par héritage ou grâce à un mérite plus grand que le sien. Décidemment il est mal dans sa peau.

Le militant écologiste encarté, formé par le parti, pratique avec une grande maîtrise l'art de la *taqîya*[1]. Figure de style politique usant de la dissimulation, employée par les bobos pour

1. Au sein de l'islam pratique consistant à dissimuler ou nier sa foi.

abuser les gogos. Les gogos ? Le peuple en vérité, considéré comme tel par les bobos. Ainsi, lorsqu'il est dans l'opposition, l'écolo s'inquiète du réchauffement climatique, alerte sur le sujet, séduit même au nom de cette juste cause. Mais une fois aux affaires, il assigne à résidence le prolo, surtout s'*il fume des clopes et roule au diesel*[1], qui doit prendre sa voiture pour le boulot et les courses.

Il insiste sur le respect des différences, l'apprentissage des cultures d'origine, promet le paradis d'une société, où communautés côte à côte vivront en harmonie. Puis, quand il préside aux destinées de ses administrés, il fait la promotion du burkini. Cachez ce corps que la nature a cru bon devoir sexuer. À quand le qami pour les hommes. Hidjab et djellaba, l'avenir de la mode pour les islamo-écologistes !

Il dénonce sur les tribunes et les marchés, le pouvoir masculin, la domination insupportable des hommes dans cette société genrée. Une fois au pouvoir, il interdit le Tour de France, manifestation qui célèbre des coureurs au sexe proéminant dans leur juste au corps. Quant au vainqueur de l'étape il a droit sur le podium, décidemment c'est insupportable, au baiser d'une charmante demoiselle ! Du coup, pour les anti-écolos le cuissard moule-burnes est devenu un étendard idéologique, l'oriflamme d'une contre-culture. Je l'ai hissé bien haut, au bout d'une hampe, dans mon jardin. Quitte à prendre des verges pour me faire battre.

Encore quelques coups de pédales et nous voilà à Strasbourg. Ici la municipalité EÉLV pratique sans complexe le *en même temps* écolo : en même temps pour l'égalité femme homme et en même temps pour soutenir *Millî Görüs*, l'association lige du démotocrate Erdogan qui retire son pays de la convention

1. Référence aux propos de Benjamin Griveaux (28/10/2018).

internationale pour la prévention et la protection contre les violences faites aux femmes. Tout ça au nom du vivre ensemble bien sûr.

Dernière destination : le Poitou. C'est avec une belle tête de vainqueur que la leader de l'équipe verte franchit la ligne d'arrivée. À Poitiers, en se prononçant sur l'avenir du secteur aéronautique, Madame *le.la Maire.esse* a déclaré que : « l'aérien ne doit plus faire partie des rêves des enfants ». Chez les écolos, c'est jusqu'aux rêves qu'on a décidé d'éradiquer. Surtout ceux des petits garçons j'imagine. Des fois qu'ils auraient des envies de conquête, de Septième Ciel, de décrocher la lune ces petits couillus ! Non mais !

C'est bien au nom de la culture que le clivage se cristallise. Il oppose les ruraux aux urbains. Peu importe le lieu de résidence des uns et des autres en vérité. L'important est dans les têtes. Il y a ceux, qu'ils habitent en ville ou la campagne, qui gardent au fond d'eux quelque chose du vieux pays, de ses racines qui nous ont forgés. L'Angélus de Millet, le Pays aux 45 000 clochers, *la Grande Boucle* encore et toujours qui nous montre une France que les paysans qui en sont les gardiens, nourrisseurs et jardiniers, ont su faire belle…

Et puis il y a les autres : la nature est un spectacle. L'animal, un être vivant qui nous oblige. Dans ce camp, sûr d'incarner le bien, on raisonne environnement plus que nature, on considère l'espace et non le territoire. À la bourse des écologistes, ce sont les valeurs désincarnées qui ont la grosse cote. Le concept est premier, la réalité seconde. Le rural est un conservatoire à muséifier, un chef d'œuvre à vitrifier. Dans cette conception malthusienne de l'espace, le retrait de l'homme est la condition d'une nature préservée. L'harmonie entre les deux n'est pas jugée possible. Chacun chez soi ! Le cloisonnement est la solution. Dès lors sont créées les conditions de deux mondes qui s'ignorent, s'épient, se soupçonnent. Deux mondes à part.

Les chasseurs sont dans la ligne de mire du camp du bien. Ce n'est pas nouveau. Chacun campé sur ses postions nourrit une exécration atavique de l'autre. L'affaire a pris un tour nouveau avec le projet de *Référendum d'Initiative Populaire (RIP) pour les animaux*[1], qu'il faut traduire, soyons claire, en RIP anti-chasse. Tout y est dans cette initiative, jusqu'à la caricature. À commencer par ses instigateurs, Hugo Clément[2], Xavier Niel[3], Marc Simoncini[4]. C'est le marigot où s'accouplent people, finance sans frontièrisée, médiatique à paillette et tweet anonyme. En vérité, sangliers et cervidés ne sont pas concernés dans cette consultation. Ce qui est visé c'est un mode de vie, une culture jugée détestable par les promoteurs du référendum et qu'ils se gardent bien de vouloir comprendre, ni même d'approcher et qu'il convient de désenkyster. Ça ne plait pas à ce beau monde ; on dézingue à tout va !

À ce trio mondialiste s'ajoute la localiste Marine Le Pen, curieuse alliance ! Elle a déclaré son opposition à la chasse à courre[5]. Pour le reste, la chasse en général, c'est une valse-hésitation. Une danse du ventre qui vaut condamnation de la chasse

1. Référendum d'Initiative Partagé pour les animaux lancé le 02/07/2020.

2. Hugo Clément : animateur média. Journaliste.

3. Xavier Niel : homme d'affaires : fondateur et actionnaire principal du groupe de communication Iliad (Free, Free mobile…).

4. Marc Simoncini : chef d'entreprise fondateur notamment de Meetic.

5. Lors d'une conférence de presse le 9 mars 2021, Marine Le Pen dit, sans vouloir l'interdire, son opposition personnelle à la chasse à courre : un type de chasse qui « exprime une cruauté qui n'est pas nécessaire. »

tout court. On l'imaginait aux aurores faisant feu après un long affût aux sarcelles lors de cette partie magique qu'est la passée. On la voyait aisément, bouton ou maître d'équipage, partager bonnes ripailles avec compagnons aguerris, puis enfourcher sa monture pour à courre chasser, servant dague en main le soir venu, après avoir déjoué hourvaris et bat-l'eau, un fabuleux douze corps. On la croyait fidèle La Hire, téméraire, brave et tempétueuse. On la découvre bergère au Petit Trianon, précieuse ridicule. Marine Le Pen, c'est le rural vu de Saint Cloud, quartier de Montretout[1].

À l'approche de l'élection présidentielle, le clientélisme s'impose. Marine le Pen corrige le tir. Lors de l'émission *Élysée 2022* sur France 2 le 3 mars, elle dit son opposition à l'interdiction de la Chasse. C'est Hugo Clément qui l'interroge ! En maitresse de cérémonie, plus animatrice que Madame Loyale, Léa Salamé ne précise pas aux téléspectateurs qu'il est un militant anti-chasse, un défenseur de la cause végétarienne. Le comportement des journalistes ne cessera de m'étonner. Ils sont inflexibles pour exiger des politiques qu'ils fassent la transparence sur les conflits d'intérêts qui les écartèlent, mais sont bien peu regardants sur ceux qui mettent à l'épreuve la probité de leurs confrères.

Ça crève l'écran, entre Hugo, l'animaliste et Marine, l'adoratrice des chats, la complicité est évidente. Rien d'étonnant dans les faits. Il y a dans la semence composite qui a donné naissance au front national quelques gamètes de nihilisme. Au sein d'une même matrice, issu d'une consanguinité historique entre écologisme et extrême droite, un clone a pris corps. Il est prêt à

1. Quartier de Saint Cloud dans les Hauts de Seine où réside la famille Le Pen.

mourir pour sauver Bambi, mais pas contre l'expérimentation sur papi et baby. Piqûre létale. Hallali pour l'homme diminué.

Hugo Clément, Marc Simoncini, Xavier Niel, Marine Le Pen, quittons là ce quarteron de faux généreux qu'il conviendra de faire battre en retraite et revenons à nos moutons.

Le combat contre le camp du bien est inégal. Il oppose une caste composée de groupes sociaux dominants, minoritaire en nombre dans les faits, résidente des métropoles mondialisées qui maitrise la formalisation, connait les accès aux relais d'influence et tient dans sa main les médias. En face, les bouseux, les pas beaux, les pas comme il faut, les montrés du doigt par le tribunal médiatique... Comment dire dans un monde qui n'a de perception de la nature qu'artificialisée, ou qui ne la connait qu'à travers les écrans, qu'on est chasseur sans être viandard, qu'on tue le lièvre ou le chevreuil sans être un assassin ? Le peuple de la chasse ne sait pas s'exprimer. Il a fait sien un art de vivre. Il est incapable d'en montrer la beauté, la noblesse. Déjà, il a concédé du terrain à ses ennemis. Cédant aux sirènes de la communication, s'essayant aux outils de ceux d'en face, ses porte-paroles ont corrigé son discours. Désormais, il n'est plus question de tuer, mais de prélever un animal. Cette ficelle un peu grosse, sauvera-t-elle la chasse ? Il est permis d'en douter. Le gros gibier n'a jamais été aussi abondant en France depuis l'après-guerre, les dégâts qu'il commet n'ont jamais été aussi importants. Il faut assumer dans la chaine animale le rôle prédateur de l'homme et pouvoir dire fièrement, c'est la meilleure des défenses, la nécessité de réguler, le plaisir de la chasse et sa récompense, le tir précis qui fait mouche, le plat savoureux qu'il nous offre.

La terre brulée

Avec les agriculteurs, les choses se compliquent. Elles se complexifient plus exactement. Le rapport avec les écologistes n'est pas systématiquement aussi frontal qu'on le décrit. Des collusions apparaissent même parfois.

Au départ, la confrontation est clairement installée. Il y a pour les écolos, usant des mêmes armes de dénigrement massif qui ont fait leur preuve contre les chasseurs, le monde agricole, pollueur intempestif, éleveur intensif, glyphosateur compulsif… En face, la résistance est ferme et argumentée. Il faut dire que l'enjeu est de taille. Il ne s'agit pas cette fois-ci de défendre un simple plaisir amateur. On se bat ici pour sauver sa peau, garantir son revenu, assurer l'avenir de ses enfants. Le syndicat majoritaire est à la manœuvre. Il peut compter sur une troupe nombreuse et dévouée, redoutée, capable sur ordre de faire le coup de poing. Il trouve encore quelques relais puissants et pertinents dans le monde politique. Quant à la petite société médiatique, si elle est grignotée par le vert, elle n'a pas complétement tourné casaque pour autant. Le rural conserve une certaine cote. Le Paysan jouit encore d'une bonne image même si le présentateur du journal télé a ses préférences. Il y a la tête de turc, l'exploitant céréalier beauceron, à jeter aux chiens, et le fermier de Corrèze, quelques vaches ici, un peu de noyers là, forcément sympathique.

À y regarder de près, c'est uniquement autour des pratiques agricoles et du modèle économique que s'articule le face-à-face. Circuits courts contre filières longues, modèle domestique contre marché mondialisé, sélection et traitement naturels contre recours à la génétique et la chimie,

AMAP[1] et coopératives contre groupes et sociétés de capitaux privés. Le reste n'est pas concerné. Le rapport de chacun des deux camps au territoire rural et à l'espace n'est pas mis en cause dans leur contradiction. Ce n'est pas au fond un point d'opposition entre eux, il peut même arriver que ce sujet soit un point de convergence.

S'il y a au bout du bout chez les écolos, considérant que travailler la terre c'est la souiller et y poser le pied c'est déjà la profaner, une tentation à retirer l'homme de la nature, cette inclination n'est pas étrangère à certains milieux agricoles. Il faut avoir l'honnêteté de le reconnaitre, les partisans d'un rural où l'on ferait place nette existent. Il y a chez quelques responsables agricoles le recroquevillement sur une vision purement techniciste de la profession ; l'abandon d'une appréhension de l'agriculture dans son environnement, une incapacité à penser le rural. Dans les avis émis par certaines chambres d'agriculture sur les Plans Locaux d'Urbanisme élaborés par les communes ou les communautés de communes, on constate parfois cette tentation à parquer dans le moindre réduit les habitants du rural. Les instruments légaux mis au point par une administration, au sein de laquelle ont pénétré les idées vertes par infusion médiatique et consanguinité sociétale, viennent à l'appui de cette idéologie qui n'a pour seul objectif que de concentrer encore, toujours plus, les populations. On n'entend pas le « vidons la campagne », insupportable pour l'opinion, c'est pourtant la conséquence logique de ce discours.

À Moutiers-les-Fidèles, au début de mon premier mandat, il n'était pas rare sur nos lotissements d'habitation de disposer de parcelles dédiées à la construction de maisons individuelles qui contenaient des superficies de 800 à 1 000 m^2. Aujourd'hui

1. Association pour le Maintien d'une Agriculture Paysanne.

les lots moyens sont de l'ordre de 300 m². Ceux d'à peine 200 m² sont monnaie courante. Demain, en milieu rural on construira sans autre terrain que celui affecté à la surface du bâti. Bienvenue dans la ville à la campagne!

Notons que la raréfaction organisée des terrains dédiés à la construction a une autre conséquence, celle de l'augmentation du coût du foncier et son corollaire, le déclassement de catégories entières de la population vers un habitat étroit, à minima, sous contrainte. Des conditions de vie au rabais. Une nouvelle fois la classe dominante urbaine et aisée, aura imposé, un peu plus encore, l'exclusion du prolétariat rural et périphérisé.

Il est incontestable que l'urbanisme d'après-guerre, par les nouvelles formes qu'il a promues, avec l'avènement du lotissement et le sacre du pavillon individuel, a une responsabilité majeure dans l'étalement urbain autour des agglomérations et la surconsommation du foncier en France. Cependant, paradoxe, nous vivons dans le même temps une autre vérité, toute aussi irréfutable. La population française n'a jamais été aussi importante en nombre et pourtant l'espace physique qui constitue la France n'a jamais été autant déserté, abandonné. Des pans entiers du territoire sont vidés, en déprise, désertifiés.

Qu'il faille, dans les zones densifiées, comme par exemple la frange littorale vendéenne, au nom d'une consommation raisonnée du foncier et d'une suspension de l'artificialisation des sols, mettre en œuvre une législation contraignante de l'urbanisme, personne n'en disconvient. Cependant l'action n'a de sens que si en parallèle est engagée une politique nationale volontariste et ambitieuse d'aménagement qui vise à revitaliser les parties de notre territoire qui sont aujourd'hui en dépression. Une fois de plus, l'État n'est pas là où il faut. Il s'épuise et agace les acteurs locaux dans le normatif et le réglementaire vétilleux et se révèle absent quand il s'agit de tracer un dessein, de porter une vision.

Soyons justes, les politiques urbanistiques qui se sont imposées à partir des années cinquante, ne peuvent seules être mises en cause. Nos modes de vie doivent aussi être convoqués. Le desserrement des ménages, qui a progressé de plus de 25% au cours des cinquante dernières années, n'est pas sans conséquence. L'abandon d'un modèle où grands-parents, parents et enfants partageaient le même habitat d'une part et l'augmentation du taux de divorce d'autre part, ont contribué largement à l'explosion du nombre de logements. Avant d'être recomposée (ce qui n'est pas systématique) on feint d'ignorer qu'une famille est d'abord décomposée, éclatée au sens physique du terme. Du groupe initial qui avait besoin d'un seul logement se détachent des composantes, qui chacune, revendique un habitat qui lui est propre. Et si la promotion de la famille durable était l'une des premières politiques à engager en faveur d'une écologie qui entend économiser l'espace ? À méditer…

On pointe aisément la responsabilité de l'implantation des éoliennes ou l'étalement des zones commerciales dans la défiguration de nos paysages mais notre politique de l'habitat, avec la multiplication à l'infini des « lotissements tablettes de chocolat », n'est pas exempte de reproche. Combien cet enlaidissement pèse-t-il dans la crise d'identité que nous traversons ; dans la mise à mal de l'amour et de la foi des Français pour la France ? Pourquoi nous interdisons-nous de parier sur la largeur et la profondeur du territoire français ? Ici, un vieux bourg à revitaliser, là un hameau à restaurer… Ici, comme là, des extensions à juste proportion. La beauté de la France doit-elle être un sujet inscrit au centre de nos débats politiques ? Je le crois.

Il faudra s'interroger un jour sur cette curieuse alliance contre nature, contre Dame Nature en vérité, entre les écolo-gauchistes et les tenants d'une agriculture productiviste et sans-frontièrisée, tendue vers un seul objectif : assigner les français à résidence dans des cages à lapin. Entasser la population sur quelques kilomètres carrés, considérés comme toujours trop grands, faire place nette, déserter le territoire français, la France au fond. Étonnant attelage entre deux acteurs que tout oppose, qui se retrouvent côte à côte pour tirer d'un même élan le tombereau de la désertification française.

Il y aura lieu également d'interpeller nos politiques sur leur responsabilité. Pourquoi ont-ils tout fait pour brider et en définitive briser le rapport de la population avec son territoire, son lien avec le milieu naturel ? À cet égard on peut s'interroger sur la quasi-disparition dans le cycle scolaire de l'enseignement de la géographie physique, économique et institutionnelle de la France. Quelles en seront les conséquences à moyen terme sur les liens que les français entretiendront avec le Pays, avec l'espace qu'il représente ?

J'ai pour ma part une conviction. Je la juge naturelle. Elle est cependant tellement à rebours des idées de notre temps, qu'estimant devoir m'excuser, je la qualifie de contre intuitive. C'est en occupant le territoire, pleinement, complétement qu'on le connait et qu'ainsi on apprend à l'aimer et à le respecter. Je veux vous parler, non d'habiter en France, mais bien d'habiter La France. Je veux vous parler d'habiter la Terre. Simplement, physiquement, charnellement, spirituellement. Je veux vous dire ses épousailles avec l'Homme, comment ils se chérissent, comment ils s'embrassent, comment ils jouissent l'un de l'autre.

Charlie

Je n'aime pas est trop faible, *je déteste*, encore trop peu. *J'exècre* s'en approche mais reste insuffisant. Je n'ai jamais acheté, ni même lu Charlie. C'est un acte politique, militant, que je revendique. Pourtant j'y étais à la Roche sur Yon, à la manifestation post-attentat. J'y étais franchement, j'y étais pleinement, sans aucune hésitation, considérant que la liberté d'expression est une des pierres angulaires de notre système socio-politique. Une pierre qui doit tenir bien scellée, sur laquelle doivent se casser les dents ceux qui veulent mettre à mal notre modèle démocratique et civilisationnel.

Je ne trouve en vérité qu'un seul mérite à l'hebdomadaire et reconnait à ce titre un courage certain à ses rédacteurs. Il a fonction de baromètre inversé. Il indique en creux, au gré des indignations qu'il suscite, quelles sont les religions de notre temps, qui sont les tenants du nouvel ordre moral. Au rang de ceux-ci figurent en bonne place les officiers du féminisme, ou plus exactement de son avatar, le néo-féminisme qui se révèle son parfait antagoniste puisqu'il abhorre l'universalisme. De ce côté-ci, pour reprendre la phraséologie consacrée, « on combat dans cette putain de civilisation hétéro-normée une masculinité consubstantiellement toxique qui domine par le seul fait de son phallus corrupteur. » La publication à la une de Charlie, sous le titre « on va en bouffer pendant un mois »[1] d'une caricature de femme, jambes ouvertes, chatte offerte, enfoutrée d'un ballon, à l'occasion de la coupe de monde de football féminin a fait grand bruit.

Les goûts et les couleurs ça ne se discute pas. Personnellement je trouve l'immixtion des femmes dans le foot plutôt heureuse.

---

1. Charlie Hebdo n° 1403 – 12 juin 2019

Elles apportent au jeu une élégance renouvelée, donnent à voir des combinaisons qui semblent inaccessibles à la pratique masculine. Mais le propos de Charlie n'est pas sur ce registre. Ce qu'il entend cibler c'est l'unanime et dégoulinante conneries des discours sur l'événement mondialisé. C'est vrai qu'à entendre les commentaires une certitude s'impose. La femme est l'avenir du ballon rond. Que n'a-t-on déjà déboulonné les statues à la gloire de Pelé, Maradona et Platini ! Quant à Killian M'Bappé, bien vite il doit penser à sa reconversion, s'il ne veut dans quelques mois pointer à Pôle Emploi !

Les curés auto-proclamés de la bien pensance n'ont pas apprécié que le facétieux canard leur fasse le coup du gode, qu'à gorge déployée, d'un rire gras, les caricaturistes raillent la coupe du monde de foutre. Face à l'outrage, le concert des tartuffes fut assourdissant. Tous, ministres (j'entends notamment ministre à l'Égalité entre les femmes et les hommes, c'est à dire ministre du culte), vicaires et bigots qui émargent aux prébendes allouées, avec l'argent du contribuable, aux nouvelles ligues de vertu, simples enfants de chœur… de dire «la liberté d'expression oui, mais quand même… » Quoi ? Quand même, pour les femmes ce n'est pas pareil ? Il y aurait un régime d'exception ?

Il en est tout autrement pour les religions multiséculaires, établies, matrices de civilisations. Vis-à-vis du catholicisme, la messe est dite. Il n'y a désormais plus aucun dessin ou propos sur le pape, les curés, les bonnes sœurs… à l'endroit, à l'envers, retournés, détournés, enfournés… qui engendrent l'indignation. Dans ce contexte, je conseillerais d'ailleurs aux journalistes, non comme on demande grâce, mais comme le ferait un consultant missionné pour sauver le journal d'une désaffection de son lectorat, de ne plus céder à la facilité de caricatures qui ne font plus recette. Les temps ont changé, il faut désormais considérer le peuple catho au rang de patrimoine à préserver, de chef-d'œuvre en péril.

À l'encontre de l'islam, la satire est plus récente. La réaction est en conséquence plus jeune et vigoureuse. Elle est parfois odieuse, insupportable, criminelle. Sur ce sujet miné par des drames atroces, encore récemment, il est je crois nécessaire, malgré tout, de distinguer en France la masse musulmane, des fanatiques qui malheureusement ne se réduisent pas à quelques unités. Pour le plus grand nombre, les caricatures et impertinences semblent susciter désormais une lassitude qui confine peu à peu à l'indifférence.

Sur l'océan catho aux courants divers, où je croise régulièrement à titre personnel et compte de bons amis, notamment tradis, ma présence sous la bannière *je suis Charlie* n'a pas été comprise, c'est un euphémisme. En réponse j'ai une première ligne de défense, facile. La participation au défilé de Monseigneur Alain Castet, évêque de Luçon alors, m'offre non seulement un sésame imparable, mais pourrait de surcroît me permettre légitimement d'inviter mes amis à faire leur examen de conscience. Pourquoi, toujours si sourcilleux sur le respect de l'autorité et de la hiérarchie ont-ils fait le choix de ne pas être aux côtés de leur évêque lors de cette marche ? De le lâcher, seul, lui en soutane au milieu d'une foule, non hostile mais pas franchement favorable. En effet, dans ce cortège silencieux et digne, combien de ceux présents aujourd'hui auraient été là le lendemain s'il s'était agi de manifester, pure hypothèse d'école, contre la mise à sac de la rédaction de *Valeurs Actuelles* perpétrée par quelques illuminés excités par le discours de je ne sais quelle association indigéniste ?

J'avoue que la présence du prélat, même en ce moment grave, m'a amusé. Jugé proche des conservateurs, le choix d'Alain

Castet de battre le pavé yonnais[1] a aussi pris à revers et pour tout dire bien emmerdé le camp des cathos progressistes, toujours prompts, sous un sectarisme bon teint qui s'endimanche d'un verni de tolérance, à dénoncer « un évêque trop » : trop plein de soutane, d'encensoir, de pompe, de génuflexion... Et pourquoi pas trop plein de Dieu pendant qu'on y est ?

Je ne veux pas m'en tirer par une simple pirouette, fut-ce-t-elle ecclésiastique, mais tellement facile. Non, je souhaite traiter le sujet au fond. Lors de discussions enflammées avec mes amis, je sers souvent la formule : « les chrétiens vénèrent tellement le martyr, qu'ils font tout pour le devenir. Dire, comme vous le faites qu'il doit y avoir, notamment en matière de religion, une limite aux caricatures et pamphlets, c'est adopter un comportement de dhimmi[2] ; c'est déjà basculer dans la soumission. C'est faire le lit de nos adversaires. Ils ne s'y trompent pas. C'est par là et par vous qu'ils attaquent les fondements de notre civilisation. Le défaut de la cuirasse est ici et ils savent qu'ils trouveront pour l'investir des alliés, zélés pour certains, idiots utiles pour les autres. Ne vous trompez pas de camp ! »

La liberté d'expression est un pilier du temple. Pour ne pas rendre bancal l'édifice, une autre colonne, celle de la responsabilité, doit demeurer solide sur ses bases. La liberté d'expression qui doit être partout ne peut être l'obligation faite à tous de lire, de voir et d'entendre. Libre d'acheter Charlie comme de ne pas l'acheter, tout le monde est d'accord. Tout aussi libre, en tant que parent responsable de refuser que soient imposés à mes enfants

1. Qui se rapporte à la Roche sur Yon

2. Dans un État sous gouvernance musulmane le dhimmi est un citoyen non musulman auquel s'applique un statut discriminatoire

des écrits, des images et des messages que je juge inappropriés. C'est déjà beaucoup plus difficile à admettre pour certains qui ont une conception dévoyée de la liberté d'expression.

Cabu, Wolinski et les autres… provocateurs ? Irrévérencieux ? Oui. Incendiaires doublés d'inconscients ? Non. Ils ont respecté le principe d'indissociabilité entre liberté d'expression et responsabilité. C'est pour avoir honoré ce pacte qu'ils ont été assassinés par des ennemis de la liberté. Ils ont signé, ils ont assumé. C'est honorable et courageux. À l'opposé des boutefeux lâches et anonymes qui balancent un post ou relaient un tweet à la dérobée. Ils en sont morts, c'est insupportable.

Cabu, bouffeur de curés, je pense parfois à toi. Dans ce cas, ça m'amuse, provoc pour provoc, je fais une petite prière à ton intention. On se retrouvera un beau jour Là-Haut, Cabu, mon frère en démocratie, mon frère en humanité. Cabu tu me manques.

Tapinage en banlieue

Sous la pression, je l'avoue j'ai craqué. La pression ? C'est celle que vous mettent vos administrés qui ne comprennent pas qu'au XXIe siècle, dans un pays riche et développé, le service minimum de médecine générale ne puisse être assuré

C'est le rendez-vous de contrôle chez le médecin qu'on reporte et que finalement, en désespoir de cause on annule. C'est la visite, pour soi-même ou son enfant, qu'on juge utile de faire au tout premier symptôme à laquelle on renonce, au risque d'aggraver le mal. C'est l'automédication, avec force recours aux sites en ligne, aux effets incertains : quand le charlatanisme se substitue à la médecine. C'est la demi-journée de congé qu'on est contraint de poser auprès de son employeur pour passer une matinée entière dans la salle d'attente du médecin débordé. C'est la voiture qui est nécessaire pour aller chez un docteur un peu plus disponible que les autres, en ville à 30 kilomètres de là…

Pour faire face à cette exigence des populations qui s'accroit à mesure que le nombre de médecins diminue et qui devient peu à peu intenable, au point de se faire menaçante parfois, nombreux sont les élus locaux qui sont prêts à tout. À tout prix, trouver un médecin qui veuille bien s'implanter sur mon territoire ! Le florilège des actions, pas toujours très glorieuses (mais ici nécessité fait loi), déployées par les communes, est sans fin.

Il y a d'abord le recours à des cabinets chasseurs de têtes de médecins, payés grassement pour prospecter en Belgique, en Espagne ou en Roumanie, destinations safaris les plus prisées. Rémunérés au forfait, sans garantie de résultat, ces rabatteurs souvent douteux savent empocher les chèques mais rarement ramener le trophée tant espéré.

Si on décide de se passer d'intermédiaire on fait avec les moyens du bord. Tout est bon alors pour attirer le gibier. Dans les journaux nationaux spécialisés les petites annonces ne manquent pas qui invitent à se rincer à l'open bar. Une voiture peut être mise à disposition sans frais, pour assurer les tournées médicales bien sûr, mais aussi le trajet domicile-travail et pourquoi pas, allons-y, le déplacement pour les vacances familiales à Menton et Avoriaz. C'est le coût de l'école des enfants qu'on peut prendre en charge. Le conjoint qu'on peut embaucher à la mairie ou dans des services municipaux… C'est qu'il faut le chouchouter notre très cher docteur, si on veut qu'il s'installe chez nous !

De la compromission à la prostitution il n'y a qu'un pas. Je l'ai franchi. Je suis allé chasser le toubib en banlieue. Fait le trottoir pour aguicher le médecin en ces lieux mal éclairés. Ce n'est pas l'action la plus glorieuse de mon mandat et je prie les élus de ces territoires en souffrance de bien vouloir m'en excuser. Il n'est pas acceptable pour habiller sa population d'en dépouiller une autre aussi mal vêtue. J'en étais pourtant très fier de ma trouvaille au départ. À eux, la zone, la délinquance, l'immigration, le ghetto, la déculturation, la vie sous tension… À nous, l'espace, le grand air, l'identité sereine, le climat social apaisé, la convivialité, pour certains le revenu modeste certes, mais l'entre-aide comme une institution… Mais bon sang mais c'est bien sûr, qui pourrait résister à une proposition aussi alléchante !

Je suis allé voir les technos du territoire, ceux qui à défaut de le comprendre savent le mettre en chiffre. Grâce à l'INSEE, j'ai identifié les ZUS (Zones Urbaines Sensibles) et les ZFU (Zones Franches Urbaines), ces espaces intra-urbains qui cumulent les handicaps : présence de grands ensembles, habitat dégradé, taux de chômage élevé, surreprésentation de la population jeune, proportion importante de personnes sorties du système scolaire sans diplôme…

Face au nombre élevé de secteurs, de quartiers et de communes concernés, j'ai opéré une sélection. Seules les ZUS et ZFU situées dans les départements du Nord, du Pas de Calais et dans des secteurs autour de Paris ont été retenues. Un travail de fourmi autant que de limier a ensuite été engagé pour collecter dans chacun de ces territoires les identités et adresses des médecins généralistes. Un courrier personnalisé a été envoyé à chacun d'entre eux, vantant les mérites de Moutiers-les-Fidèles, faisant miroiter une qualité de vie de rêve et promettant une installation réussie.

Ce qui devait arriver arriva. J'eus droit par courrier à quelques retours bien sentis de médecins et même d'élus, alertés par leurs administrés, outrés par la démarche, ulcérés par ce débauchage en règle. Quelle leçon ! Je découvrais des professionnels passionnés, pénétrés du sens de leur mission. Outre les messages de colère, quelques témoignages m'invitaient à toucher du doigt la glorieuse humanité de certains engagements, au plus profond de quartiers difficiles et au service de populations fragiles. De cette calamiteuse campagne, je battis en retraite bien vite.

Au-delà du cours de morale que je reçus comme une claque, j'en tirai un enseignement majeur : l'État est décidemment bien lamentable, rural ou banlieue, c'est avec la même morgue qu'il traite ses territoires. Certes, des milliards ont été engloutis dans les quartiers, mais comme le montre Christophe Guilluy, dans son incontournable et salutaire *la France périphérique*[1], c'est au nom d'un objectif utilitariste. Il s'agit d'assurer, grâce à une banlieue mise sous perfusion, le bon fonctionnement et le rayonnement de la ville-monde. L'ogre *vil-immonde* a besoin pour se nourrir et prospérer, d'un prolétariat à ses pieds. Londres, Paris, Lyon, Lille, Strasbourg… pour afficher leur mine superbe, au sein de l'amicale mondiale des villes sans frontières, réclament pitance bonne et abondante. C'est à quelques encablures du cœur de ces belles qui brillent de mille feux, en banlieue, qu'on maintient, à coût de politique de la ville, ce vivier indispensable à la croissance du monstre, fait de petites mains balayeuses de rues et de bureaux, serveuses, conditionneuses à façon, livreuses de colis…

L'analyse que Christophe Guilluy déploie sur la banlieue est éclairée par la lecture marxienne qu'il fait de la relation qu'entretiennent l'urbain et le rural. La dialectique du *Grand Karl*, débarrassée de ses oripeaux idéologiques puants, semble en effet imparable pour comprendre le rapport de classe des urbains dominants aux périphérisés marginalisés et aux ruraux soumis. À la banlieue : le prolétariat, au rural : le lumpenprolétariat. Dans la rumination de l'ogre *vil-immonde* jamais rassasié, la banlieue est au stade de digestat, le rural à celui de

1. *La France périphérique : Comment on a sacrifié les classes populaires*, Christophe Guilluy, Éditions Flammarion (2014).

décomposition encore plus avancée, proche de l'expulsion. À l'intérieur du système digestif, banlieue comme rural sont broyés au même processus d'assimilation/déstructuration/expulsion. Seul le stade d'avancement les distingue. La machine à métropoliser le territoire français fonctionne à plein tube ! Le rural est sur le point d'être évacué, quant à la banlieue, territoire corvéable à merci, elle n'est maintenue dans une sous-existence qu'à la mesure de l'appétit insatiable du monstre.

Quelques oasis et un grand désert ou le complexe du batracien

« Cholet c'est trop petit. Tu comprends on n'a pas la taille critique pour exister face au Mans, Angers et même Laval ». C'est la réflexion que me fit un élu à la mairie de Cholet rencontré lors d'*un carrefour des Maires*.

Nous sommes dans l'ère du « *big is beautiful* ». La tendance est au regroupement, à la concentration. Jusqu'à la thrombose ? Souvenons-nous de ce qu'il advint à la grenouille de La Fontaine lorsqu'elle voulut se faire aussi grosse que le bœuf. C'est une opinion aujourd'hui largement partagée par nos élites : il faut grossir. La loi NOTRe (Nouvelle Organisation Territoriale de la Republique) adoptée en 2015, en est la traduction concrète, avec l'institution de grandes régions, de métropoles puissantes et de vastes communautés de communes.

Le mouvement est animé par la conviction que les territoires sont en concurrence. Dès lors, il y a nécessité de s'armer pour faire face à ses compétiteurs et gagner la partie. Pour le cas singulier des régions, il y a aussi chez nos technocrates l'obsession du modèle allemand. Ce cousin germain envié pour ses performances et détesté parce qu'il nous dame le pion sur tous les tableaux. Il faut l'imiter, c'est notre planche de salut. Peu importe que l'organisation préconisée balaye un mode d'aménagement du territoire si français et s'affranchisse du cadre qui sert encore de référence à la population. D'abord, un simple regard posé sur une carte contredit l'affirmation d'une exiguïté des régions françaises ancien modèle par rapport aux länder allemands. Seule la Bavière peut afficher quelques prétentions. C'est le complexe du chétif batracien gaulois vis-à-vis du puissant bovidé teuton.

Le concept de concurrence entre territoires m'échappe. Ainsi, il y aurait rivalité entre le Poitou-Charentes et le Schleswig-Holstein ? Dans quels domaines ? Celui du sport ? Les coureurs picto-charentais seraient mois véloces que les sprinteurs schleswigois-holsteinois ? Celui de la biodiversité ? Le baudet du Poitou serait moins digne d'intérêt que la prim'holstein ? Celui du patrimoine ? Les tours de la Rochelle nourriraient un complexe au regard de la hauteur du mémorial naval de Kiel ?

Mal dans leurs pompes, incapables de hisser haut et fier le drapeau de leur identité, les technos ont trouvé la parade : « Regroupons-nous avec d'autres et devenons néo-aquitains ! » Et par ce seul fait, d'un coup d'un seul, nous verrons alors l'athlète poitevin, si lourd hier, chausser des semelles de vent et s'élancer dans un galop irrésistible, l'équidé aux poils longs se cabrer majestueusement et nos phares se parer de mille feux !

Bien sûr, il y a l'économie, je ne suis pas naïf. Mais voilà bien une idée toute française de considérer que c'est en bougeant les limites administratives qu'on va rendre nos entreprises plus performantes pour affronter la compétition mondiale. C'est l'indécrottable propension de la structure technico-administrative, incompétente en économie, à vouloir faire le bonheur des entreprises qu'elles le veuillent ou non.

Le constat est là, désespérant. La fusion des régions se traduit d'abord par des surcoûts[1]. Pour le reste, en termes de compétitivité, on n'a encore rien vu. La grenouille et le bœuf encore et toujours ! La leçon était connue pourtant ! *La chétive pécore s'enfla si bien qu'elle creva.* André Vallini secrétaire d'état en charge de la réforme territoriale nous avait promis dix milliards d'euros d'économie. C'est le contraire qui advint. Lors du regroupement de plusieurs régions en une seule collectivité nouvelle, il a fallu aligner par le haut, à grade équivalent, le traitement des fonctionnaires les moins bien payés dans les anciennes régions vers celui des agents les mieux rémunérés. Par ailleurs, s'il est vrai, qu'il n'y a pas eu (ou très peu) de recrutement (il ne manquerait plus que ça), constatons que dans de nombreux cas, les postes, doublonnés par le seul fait de la fusion, sont devenus la règle. Et puis remarquons aussi que par manque d'esprit de décision, pour ménager les susceptibilités locales, nombreuses sont les régions qui, dans les faits, fonctionnent avec plusieurs sièges et lieux de parlement. Tout ça coûte très cher, est payé par le contribuable, les entreprises notamment. « C'est pour votre bien Monsieur le chef d'entreprise. Vous comprendrez plus tard. »

Revenons à la ville, qui veut grossir. Pour quel motif? Je ne m'y attarde pas, tant c'est devenu hors de toute raison, un réflexe pavlovien. Je ne confonds pas prendre de l'embonpoint et se développer, qui en bonne politique à l'échelle d'une commune pourrait se résumer à : réunir les conditions nécessaires pour

1. Le rapport de la Cour des Comptes sur les finances locales (fascicule 2) publié en septembre 2019 chiffre et analyse les coûts supplémentaires liés à la fusion des régions.

assurer la prospérité de ses habitants. Un cadre de vie préservé (j'y inclus le respect de l'environnement, l'accès à la culture…), une sécurité garantie, un niveau de vie décent, grâce à un environnement économique favorable. C'est plutôt le « comment grossissent nos villes » qui m'intéresse.

L'évidence s'affiche devant nous : en concentrant toujours plus de richesses et par conséquent, en faisant le vide autour d'elles. En aspirant le développement et non en le diffusant. Bienvenue dans une France métropolisée, où surnagent quelques îlots de richesse dans un océan qui s'appauvrit. Un modèle qui privilégie la concentration à la dispersion et ce faisant, en matière économique, favorise la polarisation au détriment de la diffusion, dans le domaine social, consacre la ségrégation et entrave la cohésion, sur le terrain politique, impose la domination intellectuelle d'une élite minoritaire face à la masse inaudible des périphérisés et des ruraux.

Exclusion économique, apartheid social, fracture politique, bascule démocratique, dilution de la nation. Quel sens voulons-nous donner à notre développement ?

Nous sommes bien loin de *Paris et le Désert Français*[1], ouvrage écrit en 1947, dans lequel Jean François Gravier dénonçait le décalage Paris – Province. Ce qui était pointé, à raison, c'était la macrocéphalie de Paris et de sa région qui concentrait centres de recherche, richesses économiques, puissance industrielle, diversité des services, équipements culturels, densité des infrastructures et des moyens de transport… C'était une époque où les campagnes étaient encore très peuplées. Songeons, il a fallu attendre 1931 pour qu'en France le nombre des urbains dépasse

1. *Paris et le Désert Français*, Jean François Gravier, Éditions du Portulan (1947).

celui des ruraux. Nous n'en sommes plus là. Ce qui s'impose devant nous, c'est le vidage en règle de pans entiers de notre territoire national. La désertification au sens premier du terme. Le Mans et le désert sarthois, Clermont Ferrand, une oasis dans le désert du Puy de Dôme, Troyes la dynamique et l'Aube dévitalisée, Nîmes la rayonnante et le Gard éteint… Le territoire est un impensé de la politique française. Le territoire, cet inconnu. Moins qu'un absent dont la place reste ouverte à la table familiale et qui, bien souvent, s'invite dans la discussion. Non, un exclu, un banni, rien.

Après régions et métropoles, j'achève la tournée des popotes de ces nouveaux échelons territoriaux crées suite à la loi NOTRe par les communautés de communes. Non les anciennes, mais les nouvelles, issues de la loi, c'est-à-dire les communautés de communes à 15 000 ou 20 0000 habitants au moins, dotées de super-compétences. Si certains ont rêvé de bâtir des villes à la campagne, François Hollande a réussi le tour de force de créer le concept d'agglomération rurale. Un danger guette ces ectoplasmes intercommunaux: vouloir se hisser au rang d'un cadre de référence pour ses habitants. Sur aucun plan, historique, mental, géographique, ni économique… ils n'évoquent des racines qui sous-tendent un attachement.

Le rapport des populations au territoire est l'histoire d'une lente sédimentation. On sait que le périmètre de certains cantons (ceux d'avant la réforme de 2013 qui a procédé à un redécoupage général des cantons) correspondait à l'aire de perception du fisc carolingien. Quant aux communes, leur périmètre, pour beaucoup d'entre-elles, remonte bien avant la Révolution, puisqu'il a été tracé à partir des anciennes paroisses. Pour les départements, il a fallu un long processus pour que la population y adhère et fabrique un sentiment d'appartenance. Avec ces propos je vais passer, conservateur impénitent, pour partisan d'une France immuable. Non, j'ai simplement chevillé au corps, la conviction que dans un monde globalisé où les liens se distendent on ne peut transgresser impunément le rapport intime qui lie l'homme à son environnement. C'est de l'amour de la petite patrie que se nourrit celui de la grande.

Ces nouvelles intercommunalités sont atteintes elles aussi par le syndrome du batracien. Attention à ne pas trop gonfler. Au sein du bloc communal (communes et intercommunalités réunies) comme disent les technos, les dépenses de fonctionnement explosent. La facture sera au final à régler par les ménages et les entreprises. Je ne suis pas un libéral à tout crin en matière économique mais je garde en mémoire cette fameuse phrase de Margaret Thatcher frappée au coin du bon sens : « l'argent public n'existe pas, il n'y a que l'argent du contribuable. »

Les communautés de communes doivent rester ce pourquoi elles ont été créées : une communauté de moyens, un syndic de copropriété contrôlé par ses actionnaires, tout au plus un comité d'investissement.

On a volé mon trésor

2015, première alerte, la direction des Finances publiques de Vendée évoque un plan de restructuration du réseau des trésoreries implantées sur le territoire départemental. Depuis fort longtemps Moutiers est dotée d'une perception. Les agents affectés à ce « bureau des impôts » assurent, auprès de la population et des collectivités, une fonction de conseil en matière de fiscalité locale et sont chargés du recouvrement des redevances et des taxes diverses.

Au-delà du périmètre communal, Moutiers-les-Fidèles, joue localement, c'est historique, un rôle de centralité. Le fait que la commune ait perdu son rang de chef-lieu de canton en 2015, suite à l'application de la loi NOTRe (Nouvelle Organisation Territoriale de la République) ne change rien à l'affaire. Avec ses deux écoles primaires et ses deux collèges, réunissant près de 1 500 élèves, ses 45 associations, ses commerces, ses services, Moutiers rayonne sur une large aire d'influence. C'est dans cet environnement que se justifie pleinement la présence d'une trésorerie.

L'alarme sonnée en 2015 n'avait pour vocation que de préparer les esprits. Déjà le plan était dans les cartons. C'est en 2019 qu'il a été déballé. Je ne reprendrai pas à cet égard la formule si facile : *les gouvernements passent l'administration demeure* qui veut nous faire croire qu'au-delà des alternances politiques et des choix opérés par nos gouvernants, l'administration avec sa permanence impose ses objectifs, imprime sa marque. Soyons honnêtes, s'il y a bien une idée partagée par nos politiques sur tous les carrés de l'échiquier, c'est que le rural est un coût et le service public à ses habitants un gouffre. À l'heure des choix budgétaires contraints, c'est par là qu'il faut commencer à sabrer. Jamais ne vient à l'idée de nos élus nationaux que le rural puisse avoir un avenir et mieux encore, être une ressource pour la nation demain. Qu'est-ce qui les en empêche ? Un formatage idéologique sans doute.

La bataille était perdue d'avance. Nous décidâmes tout de même de la livrer. De nombreuses initiatives furent prises. La sollicitation de la presse, pour sensibiliser l'opinion. Le courrier de Paul adressé à Gérald Darmanin en charge, alors, de l'Action et des Comptes Publics. Se prévalant de son action militante de *marcheur* durant la présidentielle, Paul interpellait le Ministre.

Fidèle grognard, il rappelait la Macronie à ses engagements. Et puis sous la responsabilité de Christian, notre maire, il y eut la rencontre avec le Préfet. Avec Paul nous y étions.

D'abord, il nous fit attendre, le préfet. Le pouvoir est un lieu, nous étions dans ses murs. C'est aussi un temps, maitrisé par seuls ceux qui le détiennent. Nous avions tout loisir de méditer cette règle à la préfecture, dans l'antichambre de la salle Clemenceau où nous patientions. Le Préfet arriva, flanqué du Sous-Préfet de l'arrondissement des Sables d'Olonne dont dépend Moutiers-les-Fidèles et du directeur départemental des finances publiques.

Après les salutations d'usage, fort civiles, chacun ayant gagné sa place, le préfet nous expliqua qu'il était débordé. La constitution en cours d'une ZAD à Brétignolles sur mer en opposition au projet de construction d'un port de plaisance mettait tous ses services sur les dents. Dans ce contexte extrêmement tendu, il avait tenu à dégager un peu de temps pour nous recevoir et aborder un sujet, comment vous dire, secondaire ? Non, il ne l'a pas dit mais il l'a pensé si fort que nous l'avons entendu. Avec plus de 35 ans de syndicalisme agricole derrière lui, Christian connaissait les codes par cœur. Il joua l'obséquiosité convenue dans ces moments et servit l'équivalent d'un « vous êtes trop bon Monsieur Le Préfet ».

Nous étions encore dans « les gilets jaunes » (en sommes-nous sortis d'ailleurs ?). Dix-sept milliards d'euros avaient été lâchés pour calmer le mouvement. Le préfet tint un propos liminaire lénifiant. Porte-parole du gouvernement, c'est son rôle on ne peut pas lui en vouloir, il nous expliqua par le menu tout le mérite de ce plan qui plaçait la proximité au centre de son ambition. C'est d'ailleurs par ce thème, en bon élève de l'ENA, qu'il boucla la boucle et revint sur le sujet de la trésorerie de Moutiers. La suppression du centre des finances publiques à Moutiers-les-Fidèles, c'était, il l'affirma, la mise en œuvre concrète d'un nouveau rapport de proximité avec les citoyens contribuables. À Monsieur le Directeur Départemental de nous l'expliquer.

Le fonctionnaire s'acquitta très honorablement de cette tâche, les arguments étaient rôdés. Sans surprise, deux points majeurs furent mis en évidence.

Le premier, défensif, se rapportait au coût exorbitant d'un réseau si dense de trésorerie en Vendée. « Nous n'avons pas le choix il faut satisfaire la trajectoire budgétaire négociée (imposée ?) avec Bruxelles ; chacun à son niveau doit faire des efforts. »

Le second, offensif, vantait les mérites de la réorganisation imaginée. Tout y passa : la mise en place de permanences pour rencontrer le public à un rythme régulier, l'implantation, dans la droite ligne des promesses présidentielles, d'un réseau de *Maisons France Service* regroupant plusieurs services publics, sur différents points du territoire, l'appui des outils numériques, le recours à la visio-conférence...

C'était complet et efficace. Le Préfet asséna sur un ton péremptoire : « voilà Monsieur le Maire une réflexion juste et une action conduite par l'État avec détermination au service des communes et de nos concitoyens ».

Difficile de reprendre la main à la sortie du tunnel qu'avait été ce monologue de l'État durant près d'une demi-heure. Christian s'y essaya. Il rappela la dynamique démographique du Pays Moutierrois, « nous ne sommes pas un territoire en déclin », insista sur le nombre de rendez-vous mensuels tout à fait conséquents et en augmentation pris par notre population avec les agents locaux du trésor. Il mit en garde : « Attention de ne pas dissimuler la suppression de notre trésorerie et de ses huit agents derrière l'écran de fumée d'une *Maison France Service* qui n'offrira tout au plus que quelques permanences et un appui numérique. » En face, l'écoute affectait d'être attentive. Il y avait la certitude qu'un coin déjà était enfoncé.

Christian développa, avec pertinence je dois le dire, un nouvel argument qu'il ne nous avait jamais exposé jusqu'ici. Il s'appuya sur le personnel de la perception de Moutiers-les-Fidèles et singulièrement sur l'un de ses agents, moutierrois d'origine, connu de tous et très impliqué dans l'animation du club de foot. Sa présence au cœur de la population, sa bienveillance, son souci de l'autre en faisaient localement le meilleur ambassadeur des services fiscaux. C'était pour l'État la meilleure garantie, celle de la compréhension de l'impôt et de son acceptation. L'assurance d'une adhésion à la contribution collective. L'État doit s'incarner dans nos territoires, il doit avoir un visage, et si en plus il est avenant tout est gagné. C'est une condition nécessaire au bon fonctionnement de notre démocratie.

Un peu déstabilisé, le Préfet s'en tira par une pirouette. Interpellant le directeur départemental, entre sérieux et goguenardise, il lui demanda de veiller à l'implication de ses agents dans les clubs locaux de foot ou de danse !

Pour ma part, j'étais venu à ce rendez-vous en franc-tireur. Sans consulter Christian ni Paul, j'avais préparé quelques munitions. Comme eux, je savais la tournure qu'allait prendre notre rencontre, tout cela est tellement convenu, et j'avais pris la résolution de bousculer un peu nos interlocuteurs. Le directeur des Finances publiques fit l'objet de ma mauvaise humeur du jour. Je veux dire ici en élu responsable que l'homme n'est pas en cause. La bonne réputation dont il jouit est partagée de façon unanime. En charge de la mise en œuvre d'une politique que je récuse, il fait preuve dans son application de pédagogie et de patience. Il a le souci d'expliquer et de trouver des solutions de compromis. Son action est saluée à ce titre.

La conférence de presse tenue quelques jours plus tôt par Emmanuel Macron au sujet de la crise des *gilets jaunes*[1] nous offrait du caviar sur un plateau d'argent qu'il aurait été inconvenant de ne pas faire goûter à nos voisins de table. Interpellant le fonctionnaire des finances je lui servis quelques perles de notre Président ; il y en avait des pleines cuillères : « ce qui s'est exprimé très profondément c'est un besoin de proximité, d'enracinement de l'action que nous devons conduire dans beaucoup de domaines. » « Recréer de la proximité, être accessible à tous dans tous les territoires, qu'il s'agisse des territoires ruraux ou des « quartiers politique de la ville » comme des métropoles. Sur le terrain, on a besoin de fonctionnaires, de médecins, d'instituteurs, de professeurs, d'artistes, de toutes celles et de tous ceux qui font vivre la nation. »... « Il n'y a plus assez de monde sur le terrain, près des gens pour apporter des solutions. » « Je veux qu'on remette des fonctionnaires sur le terrain. »

L'ironie était au rendez-vous. Je remis le texte complet de la conférence de presse présidentielle, m'inquiétant que, peut-être faute d'une couverture numérique suffisante du territoire, il n'était pas encore parvenu en préfecture. J'ajoutai quelques formules bien senties qui m'invitèrent à penser que dans une autre vie j'aurais fait un militant syndical tout à fait acceptable. « Assurer des permanences ? Doux euphémisme pour taire que c'est l'absence qui sera la règle et la présence l'exception. Assurer des permanences ? C'est conférer à la République un statut d'intermittent du service public ! »

Ça, c'était pour la bonne bouche. Je n'avais pas fini et voulais revenir sur cette sempiternelle question du coût. Justifiant le fait que l'argument est toujours avancé mais jamais chiffré, je demandai le détail du coût pour la collectivité du maintien de

1. Conférence de presse du 25 avril 2019.

la trésorerie à Moutiers. Je voulais bien sûr, un raisonnement à coût net. C'est-à-dire intégrant, certes les avantages d'un regroupement des fonctionnaires sur des centres plus importants, mais aussi mentionnant les impacts négatifs. Ils étaient nombreux, je les listai. Les collectivités alentour financeurs du bâtiment siège de la trésorerie avaient encore des échéances de prêt à honorer, aujourd'hui compensées par l'état dans le cadre d'un bail. Une fois la trésorerie partie, il n'était bien sûr pas envisageable que l'État manque à sa parole. Les loyers continueraient d'être dus. Il y avait aussi les agents, tous domiciliés autour de Moutiers dans un rayon de proximité. Il fallait tenir compte de la prime transport que sans aucun doute ils négocieraient avec leurs syndicats. Quid par ailleurs du bilan carbone ? Avait-il été chiffré ? À l'heure où l'écologie était une préoccupation partagée par tous, c'était incontournable…

Il n'y eut pas grand détail, l'équation était compliquée et n'avait pas été posée en ces termes semble-t-il. Seul un chiffre fût avancé : « Un million d'euros. C'est le coût Monsieur l'adjoint du maintien du centre des finances publiques à Moutiers-les-Fidèles ». Considérant la réponse bien peu étayée, et le chiffre trop rond pour être crédible, je ne relevai pas et poursuivis la séquence, sachant parfaitement où je voulais aller. « Je connais pour ma part, Monsieur le Directeur, le coût du départ de la perception de Moutiers-les-Fidèles ». Ménageant mes effets j'ajoutai « le coût précis, au centime près ». Le Sous-Préfet des Sables d'Olonne releva le nez de ses notes. Le préfet revint dans l'échange. « 17 milliards d'euros, voilà le coût exact. Le coût d'un pays qui part en vrille ! Et pour tout vous dire je pense que ce n'est qu'un début. Avec les décisions prises en ce moment on va doubler la mise d'ici peu ! ».

Très vite, le préfet reprit le contrôle. Il recadra la discussion au sens littéral du terme. Plus question de regard panoramique. Le seul interlocuteur valable c'était Monsieur le Maire. Parlons entre gens sensés et ne donnons pas le change à cet adjoint décidemment bien remuant. L'essentiel avait été dit, il fallait en finir. Le préfet demanda au sous-préfet d'établir la liste des dotations reçues par la commune ces dernières années pour soutenir des projets divers. Il en tira la conclusion d'un soutien indéfectible de l'État. Il promit une attention singulière pour les réalisations à venir qui seraient engagées à Moutiers-les-Fidèles. Promesse fut tenue d'ailleurs. Reconnaissons-le.

Le message était clair : « En ce qui concerne l'organisation de ses services, laissez l'État prendre ses responsabilités. Pour ce qui est de vos projets il saura vous soutenir quand il conviendra. » La messe était dite. Au jeu de la restructuration des services publics, le rural perd toujours.

Les convertis, les tradis, les apostats

Dans la littérature et la presse, le rural a du succès. Je distingue trois catégories, parmi ceux qui écrivent sur le sujet. Il y a les ravis... de la crèche, ajouteront quelques-uns, souvent mal intentionnés à leur endroit, pour signifier leur naïveté. Ils sont néo-ruraux ou même pour certains, idéalisant un rural magnifié, encore urbains. C'est le fait non d'y résider mais bien de l'habiter qui vous donne la qualité de rural. À l'inverse, on peut y résider et pour autant ne pas l'habiter. Ils ont la fraicheur des convertis et s'élancent avec zèle sur leur chemin de foi. Je ne les confonds pas avec leurs prédécesseurs de la génération 68, la plupart traine savate, d'abord animés par le « vivre sans contrainte ». Pour beaucoup d'entre eux, persuadés que le travail est un servage et non un accomplissement, le « retour à la terre » fit long feu. Leur renoncement se fit dans le désordre, piteuse débandade.

Non, ceux-là sont courageux. Prosélytes, ils le sont souvent, relatant dans des livres ou auprès du correspondant de presse locale, toujours friand de les interviewer, leur expérience. C'est seul, en couple ou en famille qu'ils ont décidé un beau jour de tourner la page, donner un sens à leur vie. Alors ils racontent, l'ancienne magnanerie achetée en Provence, à l'abandon depuis plus de 70 ans, qu'il a fallu remonter pierre par pierre, l'activité qu'il faut relancer, la sueur qui coule, l'énergie dépensée, les montagnes à déplacer, peu importe ils sont heureux. C'est *Regain* de Jean Giono. Au firmament de leurs projets, la reprise de l'élevage de chèvres avec fabrication de fromage « appellation pays » est souvent l'étoile qui scintille le plus. Avec un gîte ou quelques chambres d'hôtes, ça peut marcher, leur conseille le Crédit Agricole, histoire de ne pas mettre tous les œufs dans le même panier.

Éduqués, issus en général de milieu favorisés, ils se plantent parfois. Souvent ? Je ne sais pas : existe-t-il des statistiques sur ce thème ? Peut-être vais-je vous surprendre. Ils ont toute ma sympathie et font mon admiration. Ils prennent des risques personnels, dans le seul but de donner corps à leur quête. Ils ont l'honnêteté de ne pas cacher leurs difficultés. Quand ils se trompent, ils le disent. Ils ont soif d'apprendre. Ils tirent des enseignements de leurs erreurs. La parabole de la tarte tatin, ce gâteau renversé par mégarde, ce qui eut pour résultat d'en faire un met délicieux, est le passage préféré de leur évangile. Oui, ils bousculent les ruraux de souche qui les regardent parfois mi dédain, mi sourire en coin. Leur rencontre est parfois orageuse. Ils prennent à revers leurs certitudes. Leur tentation de cultiver l'entre-soi ? Leur renoncement ? Leur acceptation du déclin ?...

Ils disent quelque chose de notre temps. Non qu'ils soient à eux seuls l'avenir du rural, mais parce qu'ils démontrent que le rural est aujourd'hui un terreau fertile pour exprimer le meilleur de soi-même, vivre et porter la révélation. La littérature du XIXe siècle est pleine de héros qui *montent à Paris* pour se défaire du carcan de la province, trouver fortune, sentir le souffle des idées nouvelles... Vivre Bon Dieu ! Vous noterez que c'est un thème qui a totalement disparu. Aujourd'hui, à propos de la ville les sujets qui dominent sont ceux des encombrements, de la pollution, de l'environnement dégradé, du ghetto, de l'insécurité, du mal de vivre, du coût du logement... Désormais c'est en descendant dans la Creuse, à Sainte-Feyre-la-Montagne, qu'on monte au paradis.

Les nostalgiques. J'ai un vrai faible pour eux. C'est le rural éternel, avec Claude Michelet et *l'École de Brive*. Saga au long cours de familles paysannes. Yves Viollier, dans un cadre vendéen, fait cela magnifiquement. Le village, l'église, le bourg et ses écarts, au loin là-bas, la Grand'Terre. Le souci de la description, les paysages et aussi la faune et la flore endémique, la cuisine locale, le mobilier d'ici, les gestes et les mots de ceux du pays... Et puis il y a la famille, la figure du père. Les femmes, discrètes, elles ont leur monde, elles le font aussi. Les rancunes tenaces, laïcards conte calotins... L'amour, le grand, celui des élans irrépressibles, quand le cœur vous arrache et que la famille vous attache. Les rassemblements face à la menace commune, l'entre-aide et aussi la Grande Guerre, cette saignée sans laquelle on ne peut rien comprendre au rural français... Ils sont conteurs d'histoire, se sentent pour certains, gardiens d'une tradition.

Michel Onfray dans un registre très différent, m'a étonné avec son formidable *Le chemin de la Garenne*[1]. Il revient sur les pas de son enfance, dans son village normand. C'est simplement beau.

Comme dans toute religion, les nostalgiques se répartissent en différentes chapelles ; elles-mêmes comprenant plusieurs chapitres. Je vous ferai grâce d'une visite complète. Un peu à l'écart, le lieu de rassemblement des intégristes. Ils ânonnent. Ils psalmodient à sec. C'était tellement mieux avant. Tout se barre en sucette. Reclus dans leur monde ils ont renoncé, ils sont vaincus.

Et puis, il y a la chapelle des tradis, avec le chapitre glorieux des grincheux qui compte le plus d'adeptes. Ils ont ma préférence. Ils ne lâchent rien. Comme un lion en cage, ils tournent en rond à la recherche de l'ouverture. L'écrivain Denis Tillinac en est un bon représentant. C'est désordonné, brouillon, mais quelle énergie ! À la volonté, à la diable, on y arrivera ! Chantres de l'enracinement, ils considèrent le rural comme *le pied mère* de la vigne France. Ils croient à la transmission. Ils ont une foi indéfectible dans la génération qui vient. Ils sont bienveillants à son endroit, louent ses atouts, détectent ses fragilités pour mieux l'accompagner, alertent sur ses sorties de route pour mieux lui montrer le chemin.

À la table de famille, quelques places sont vides : celles des fils maudits. Exilés, déserteurs ou apostats, ils manquent à la cause, par indifférence ou par trahison. Le livre *Les invisibles de la République : comment on sacrifie la jeunesse de la France périphérique*[2] m'a donné l'occasion de les rencontrer. Son auteur,

---

1. *Le chemin de la Garenne*, Michel Onfray, Éditions Flammarion (2019)

2. *Les invisibles de la République : Comment on sacrifie la jeunesse de la France périphérique*, Salomé Berlioux, Erkki Maillard, Éditions Robert Laffont (2019)

Salomé Brerlioux, sait de quoi elle parle. Jeune femme brillante, diplômée de Sciences Po, elle a vécu enfance et adolescence et passé toute sa scolarité dans le rural profond, à Neure dans l'Allier, hameau de cent quatre-vingt-deux habitants. Elle est un bon exemple de la méritocratie républicaine. Elle est pétrie, comme l'enfer, de bonnes intentions. Elle veut aider ses congénères de la jeune génération, qui comme elle a pu en faire l'expérience, connaissent la difficulté de vivre en milieu rural, de faire des études et de s'élever. C'est louable et généreux.

Elle pose un excellent constat, que d'autres, comme Christophe Guilluy ou David Goodhart…, ont pu faire. Il y au sein de la jeunesse deux clans (deux classes aurait dit Marx), les *partout* et les *quelque part*, (les *everywere* et les *somewhere*, pour reprendre David Goodhart). Aux premiers, issus des milieux favorisés, résidants au cœur des villes-monde, l'accès aux bonnes études, aux hauts revenus, à la mondialisation et à ses avantages. Pour les seconds, vivant dans la France périphérique, un avenir bridé, une *assignation à résidence*. Par manque de relationnel, éloignement de tout… le jeune rural s'autocensure, incapable de se projeter dans un avenir brillant. Il en résulte des études au rabais et un métier faute de mieux… C'est le constat juste, d'un déterminisme social imposé par la géographie.

De ce postulat pertinent, Salomé Berlioux tire une conclusion désastreuse. Les jeunes ruraux sont en situation d'échec ? Faisons-en des urbains ! C'est rapide et réducteur, j'en conviens, pour régler son sort à un ouvrage d'un peu plus de deux cent pages. Ce n'est pas pour autant injuste. Quand les dominants, ce qu'est devenue Salomé Berlioux, qui à la suite de ses réflexions a trouvé *un bon plaçou* au cabinet de Jean Michel Blanquer en tant que chargée de mission, décident avec leur mentalité de classe, de s'occuper de l'avenir des dominés, on court à la catastrophe. Il y a dans le message de notre jeune intello-politicarde, qui, non contente de s'être faite portée pâle en milieu rural s'est convertie en agent recruteur, cette philosophie partagée par la jeunesse dorée, qui considère que la mobilité est l'accomplissement d'une vie. L'enracinement c'est bon pour les ploucs ! Plus fondamentalement il y a, au cœur de la solution proposée, cette incapacité crasse (ou l'expression d'une conviction profonde ?) à imaginer que le rural puisse avoir un avenir. C'est le raisonnement hémiplégique, partagé par l'écrasante majorité de la classe politique, qui prétend s'occuper des individus en les déconnectant de leur environnement et en s'interdisant de leur dessiner des perspectives dans leur milieu d'origine. Une politique pour des individus désincarnés, des citoyens en lévitation.

Témoignages de jeunes ruraux extraits du livre : « une petite voix en moi me disait qu'une autre voie était possible » se rappelle un énarque désormais conseiller des Affaires Étrangères. Et encore : « Bien sûr que ça pourrait me plaire de revenir vivre à Banyuls, dit Valentin. Mais je suis ingénieur, qu'est-ce que je viendrais faire ici ? » Tout est dit, l'important, c'est Valentin, sa situation personnelle, Banyuls peut crever. Une politique à la seule mesure de l'individu et non des territoires. Et si on décidait de s'occuper des deux, de la réussite de Valentin et du développement de Banyuls ? De la réussite de Valentin à Banyuls et du développement de Banyuls grâce à Valentin ? Salomé Berlioux veut sauver les ruraux en abandonnant le rural. Elle a pour les ruraux la condescendance d'une dame patronnesse. Elle prend acte du décès du rural et enfonce un clou supplémentaire sur son cercueil. La résurrection n'existant pas en ce bas monde, *ite missa est* chers jeunes des campagnes, les métropoles vous accueillent à bras ouvert !

Et si on faisait le pari que le rural est le futur de la nation ? Compte tenu de l'état d'esprit de la classe dominante, c'est sûrement l'une des phrases les plus révolutionnaires que l'on puisse prononcer aujourd'hui en France. Si simplement on voulait en accepter l'augure. Banco ! Juste l'espace d'un instant, on relève le défi de l'imagination.

La grandeur et la continuité de la Vendée

Je suis vendéen. De fraîche date. Depuis cent cinquante-sept ans précisément si je me réfère à la généalogie familiale. Lorsque mon aïeul en ligne directe décida de quitter ses terres du Bas Maine[1] pour s'établir en Vendée, définitivement. Il y aima une femme. Je suis le rejeton de cette histoire.

J'entretiens une relation physique, plus qu'historique, avec la Vendée. La primauté de la géographie toujours ! La supériorité de l'espace sur le temps. La géographie c'est le don offert par le divin d'une grammaire singulière. Au sol, reliefs, cours d'eau, océans… granits, calcaires, argiles… dessinent un *par-chemin* aux inscriptions cabalistiques. Il est concédé aux hommes, de bonne comme de mauvaise volonté. À eux de déchiffrer comme de défricher, d'écrire une histoire ténébreuse ou flamboyante.

Je ne finasse pas avec la Vendée. Je ne pèse ni ne sous-pèse, comme sont tentés de le faire beaucoup trop d'apothicaires, les mérites et les tares respectifs de la Plaine, du Bocage, du Marais, du Littoral… j'embrasse toute la Vendée.

1. Le Maine est une ancienne province française dont le territoire est aujourd'hui à cheval sur les départements de la Mayenne et de la Sarthe. Le Bas Maine est situé dans la partie nord-ouest de la Mayenne.

Ici pas d'abysses ni d'à-pics non plus de cataractes. Pas d'ouragans. Au large quelques coups de tabac sérieux il est vrai et dans les terres des tornades sévères parfois. Pas de ciels déchirés, de météores qui transpercent... Dans la cosmogonie torturée qu'il a délivrée au monde, le Grand Architecte a tenu à fonder quelques sanctuaires consacrés à l'harmonie. La Vendée est de ceux-là. Ici les éléments s'apprivoisent, ils se ménagent du temps pour s'approcher. Avant de se rencontrer la plaine et le bocage s'amadouent. Ce sont, après fiançailles, des épousailles qu'on célèbre. La Vendée est une terre de mariage. Celui des garçons robustes taillés dans la pierre d'Armorique avec les sirènes dessalées enlevées au limon du jurassique.

La Vendée n'est pas une unité physique, c'est un truisme que de l'énoncer. Est-ce pour autant une terre de diversité ? Assurément, et c'est là une autre évidence, mais à mes yeux trop commune à beaucoup de territoires pour rendre compte de la singularité de la Vendée. Après tout chaque département de France peut légitimement revendiquer la variété de son patrimoine géologique, floristique et faunistique. Le concept est imprégné des codes de notre temps. La diversité est un état, instable par nature, dont on ne sait jamais s'il est liquide ou solide. Il est sans consistance et ne contient aucune certitude. Y a-t-il alliage ou apposition, alliance ou confrontation, communion ou division... ? La diversité est par essence volatile, éthérée... Encore un coup fumant des apothicaires avec leur manie de trafiquer des substances frelatées !

Ni unité, ni diversité, de quoi la Vendée est-elle donc le nom ? De la continuité. C'est ma réponse et ma conviction. Par définition subjective et contestable. Le terme est banni par les agences de marketing qui avec cinq cent mots dans leur besace (pour les meilleures !) ont réussi l'exploit de faire de l'étoffe chamarrée des territoires de France un tissu uniforme et délavé. C'est vrai que chez elle tout ce qui de près ou de loin peut incarner la permanence est à jeter aux chiens.

Avec la continuité qui est une vertu et non un état, il n'y a pas juxtaposition de pièces mais fusion de caractères. Il n'y a pas de passage en force, ni de prise d'assaut, de coins enfoncés. La Vendée est une damasserie plus qu'une marqueterie. La continuité emporte avec elle la notion de durée. La Vendée vient de loin. De la nuit des temps peut-être. Elle en a hérité une sagesse. C'est en cela qu'elle diffère de sa chère voisine au nord, outre Sèvre. *La doulceur angevine* confine à la langueur. Il est si doux de s'assoupir au soleil des coteaux du *Loir gaulois*. Alors que la continuité vendéenne est un enseignement, un viatique pour les temps qui viennent.

La Vendée nous donne d'apprendre la vertu qu'elle porte. La continuité à ceci de particulier qu'elle contient en son sein tout à la fois l'immobilité et la motricité, la stabilité et l'évolution. La continuité n'est, qu'à condition de se déplacer. Elle ne garde sa vertu que parce qu'elle se transmet, passe de main en main, traverse le temps. Ainsi, porter le flambeau, maintenir, préserver, conserver... n'est possible sans l'initiative, le mouvement, la créativité, l'imagination... La continuité est une force qui va. La Vendée marche de ce pas.

Les élus d'ici sont à l'image de leur terre. Ici avancer ne va pas sans fidélité. Adapter est nécessaire pour perpétuer. L'institution départementale conserve une connaissance intime du territoire. C'est ce qui fonde la légitimité de ses élus. Ils cultivent auprès des vendéens un équilibre qui leur donne d'être respectés sans être distants. C'est la proximité qui établit la confiance. La relation informelle qui fait la justesse du diagnostic, la culture du réseau qui permet la mobilisation, l'élan partagé.

Le Département depuis longtemps a fait ses preuves. Encore soumis à l'épreuve, il a récemment apporté une démonstration éclatante. La crise sanitaire a agi comme le révélateur du crédit qu'il convient d'apporter à nos institutions. Certaines, trop lourdes, trop engoncées… d'autres, trop neuves, trop lointaines… ont échoué au crash-test. Le Département (n'oublions pas non plus les communes) parce qu'il est là depuis toujours a répondu présent et s'est illustré brillamment. Parce qu'il connait les relais et les acteurs d'influence a su décider et engager l'action. Parce qu'il connait le fin racinaire qui innerve la Vendée dans ses coins et recoins a su mobiliser et déployer les solidarités. C'est la revanche des anciens sur les jeunots, la force de l'expérience… Une leçon à méditer par les apprentis sorciers, qui ne connaissent pas l'histoire et croient qu'on peut sans dommage faire et défaire les institutions et la force du lien qui les attache aux hommes.

Mon ami Pablo

Paul, c'est Pablo et non Paulo. C'est qu'il y tient à ses origines l'amigo. Fils de Pedro, républicain espagnol, chassé d'Aragon par Franco à coups de crosse dans le dos et de flingue sur la tempe. C'est une figure de Moutiers. Un peu de son âme aussi. Moutiers-*les-Fidèles*: « Fidèles à la République », un de ses fils que le vent de l'histoire lui fit adopter. Il est de gauche mon Pablo, sans ambiguïté, authentiquement de gauche. Ce n'est pas mon bord, vous l'avez compris. Mais d'une gauche qui n'est pas sectaire, ce qui constitue une curiosité et fonde à mes yeux la singularité de Pablo. Il me raconte souvent, comment enfant, avec son père, installé comme poissonnier à force de ténacité, il allait chaque vendredi offrir un poisson au curé de la paroisse.

On est comme ça nous à droite, toujours tatillons sur la liberté de penser. Toujours prompts à dénoncer ceux qui, sous couvert d'une bien pensance, imposent dans les faits une police des idées. Il faut dire qu'en face ils nous le rendent bien, à douter en permanence de la sincérité de notre esprit républicain. Je suis, je le confirme, de ceux qui pensent que l'histoire de France ne commence pas en 1789. Oui, il y avait de la grandeur dans l'Ancien Régime. Ça t'avait une de ces gueules! Est-ce que je mérite pour autant d'être recalé au brevet de respectabilité républicaine? Il faudrait d'abord définir ceux qui sont dignes d'en être les examinateurs! En attendant qu'une commission d'experts (lesquels?) se réunisse et n'étant jamais mieux servi que par soi-même, je me permets de décerner une note à mes propres convictions. Je m'attribue, sans modestie ni fanfaronnade, un score tout à fait honorable, assorti d'une mention « peut mieux faire »; qui peut ne pas y être invité d'ailleurs?

Je crois en vérité aux permanences françaises. Malgré les ruptures insondables dans lesquelles nous nous sommes perdus (les Dragonnades, la Terreur, Vichy), l'esprit français, au-delà des régimes, reste animé par la même continuité: celle de l'universalisme. La générosité, l'élan pour le Monde. Liberté, Égalité, Fraternité, pour la France et pour le Monde. C'est beau. J'y crois.

Il a le sens de l'étiquette Pablo. Toujours impeccablement mis, cravate, costume, lorsqu'il faut tenir le bureau de vote à l'occasion d'une élection. Parce que la démocratie est un don, acquis de haute lutte par nos ainés. Parce que la République est une exigence et qu'elle s'incarne dans une certaine tenue. Présent à chaque manifestation patriotique, il a le sens de la filiation que nous confie l'histoire, le respect du sacrifice des anciens. Droit, la tête haute, les bras le long du corps lors de *La Marseillaise*, il pourrait en remontrer à plus d'un de nos apprentis fachos à la mâchoire carrée et la jugulaire bien serrée qui vocifèrent.

Attentionné, il se préoccupe de chacun, s'intéresse à tous. Il s'adapte. Parle et échange avec le même souci d'écoute au prolo, au bobo (espèce peu présente à Moutiers), comme à l'aristo. Ce n'est pas feint, c'est sincère. Lorsqu'il y a quelques années, le mode d'élection aux municipales permettait à l'électeur de panacher et de faire au sein d'une liste, un choix candidat par candidat, Paul recueillait immanquablement le plus de voix, et avec une bonne longueur d'avance encore.

Il a les engagements de ses convictions. La fibre sociale, attentif aux moins aisés, veillant à ne jamais trop augmenter les impôts locaux. C'est peut-être en raison de son histoire familiale, qu'il reste ouvert à l'accueil de l'autre et notamment des « sans », sans papier, sans logement… « Ne nous en mets pas trop quand même Pablo ! ».

Laïc, sans être laïcard, il est respectueux du libre choix des parents pour l'éducation de leurs enfants, de l'équilibre école publique, école privée. L'école, c'est d'ailleurs en tant qu'élu son implication majeure. Il use peu du terme école publique, il préfère évoquer *l'école communale*, il y tient. Ce n'est pas chez lui une coquetterie de langage, mais l'idée chevillée au corps que l'éducation de *nos* enfants, c'est avant tout *notre* affaire. C'est de la responsabilité de la commune, qui, dans ce cas, recouvre le même sens que la *communauté*. Entendons-nous, Il ne s'agit pas de donner aux élus le pouvoir d'intervenir dans les programmes, surtout pas, mais bien d'offrir à nos enfants l'écrin protecteur dans lequel ils doivent grandir.

L'école, comme une transmission. L'apprentissage des savoirs, l'enseignement des valeurs. L'école comme un sanctuaire pour permettre à la jeune génération de s'épanouir, placée sous la garde bienveillante des adultes.

Je vous brosse là, le portrait de San Pablo. Mais c'est aussi le roi de la déconne, je m'en voudrais de vous le cacher. Bon vivant, adepte de la bonne formule, virtuose du jeu de mots avec cascades à double, triple…niveaux. C'est un merveilleux complice de conseil municipal. À la droite de Christian à la table des délibérations et moi à gauche, nous nous adressons souvent, dans le dos de notre édile favori qui n'ignore rien de nos agissements, quelques œillades bien comprises. Parfois ce sont des jeux de mots, géniaux ou foireux, peu importe, ils nous font rire.

C'est au présent que j'ai tenu à vous conter *Pablo le Magnifique*. Je n'ai pas eu le cœur à parler au passé. Pablo nous a quittés il y a quelques mois. Deuil national à Moutiers-les-Fidèles. Rivières de larmes.

Scandale à la préfecture

Quelques semaines après les exploits remarquables de mon *tapinage en banlieue*: une chasse parisienne au médecin généraliste qui tourna court, une campagne dans les faubourgs où je perdis mon âme et qui se solda par une Bérézina, je me rendis à la préfecture pour une énième réunion sur la désertification médicale à laquelle tous les élus de Vendée étaient invités. J'y allai en trainant les pieds, connaissant par cœur ce type de rendez-vous. La mécanique y est parfaitement huilée. Le préfet en grand maître de cérémonie, avec l'ARS (Agence Régionale de Santé) à ses côtés, plante le décor avec force statistiques, tableaux et projections à moyen terme. Le constat est alarmant, rien n'est caché sur ce point. La situation de la démographie médicale, déjà désastreuse, va empirer au cours des prochaines années. Il faut agir sous peine de catastrophe.

Au terme de l'exposé, un maire, timidement, osa demander s'il n'y aurait pas un moyen de contraindre de jeunes médecins en sortie d'études à s'orienter vers les territoires sous médicalisés. C'est alors qu'un représentant du conseil de l'ordre s'étrangla et nous joua un sketch bien connu: « c'est le fondement même de la médecine libérale qu'on attaque! Si vous voulez tuer les vocations Monsieur le Maire, vous ne vous y prendriez pas autrement. Toutes les tentatives qui ont pu exister à l'étranger dans ce domaine, se sont soldées par un échec. Les experts sont formels. »

C'est à ce moment précis que la belle machine dérailla. Un maire, d'un coup se leva, coupant l'herbe sous le pied à toute prise de parole, notamment celle du préfet, qui d'habitude à ce point de la réunion et selon un rite immuable, reprend l'auditoire en main, calme le jeu et présente la *boite à outils* de l'État. L'élu, un doigt pointé vers le toubib, l'interpella sans ambages : « Dis donc l'expert en conneries, tu parles bien de la même médecine libérale que moi ? Celle qui est financée à 100% par les Français, qui payent tes études, tes consultations, les médocs, les opérations… ! Tu parles bien de cette médecine, qui donne à nos concitoyens contribuables qu'un seul droit, celui de fermer leur gueule ! ». Furieux, animé d'une colère inextinguible, l'édile sortit, claquant derrière lui la porte avec fracas.

Magnanime, le préfet entendit la saine colère, comprit l'exaspération légitime, brossa dans le sens qu'il fallait le poil des élus municipaux au four et au moulin, serviteurs dévoués auxquels la République demande toujours plus. Il se fit grandiloquent et rassura sur l'ambition de l'État de garantir l'égalité de tous, « celle de notre devise inscrite au fronton de nos temples républicains », en matière d'accès à la santé.

Apres avoir administré son analgésique, la salle étant désormais reposée, le préfet sortit l'arme fatale : Le Contrat Local de Santé. On allait voir ce qu'on allait voir. Sans propos liminaire, Il lança l'intervention de la représentante de l'ARS qui, bonne élève, récita la leçon. Chacun mobilisa son attention au maximum pour décrypter le sabir de l'administration. « Le Contrat Local de Santé (prononcé céèlès pour les initiés) est un outil de contractualisation transverse qui a pour objectif de répondre aux enjeux de santé globaux sur un territoire donné. Le CLS permet l'articulation des composantes du système de santé. Il incarne la dimension intersectorielle de la politique régionale de santé en associant les acteurs de l'éducation, de la politique des territoires, de la cohésion sociale… Le CLS garantit la pérennité de la démarche locale, grâce à une élaboration participative qui suscite une plus grande appropriation et adhésion des acteurs. » Elle était intarissable, le CLS était LA solution.

La devinant partir sur d'autres envolées, au risque de voir la logorrhée devenir diarrhée, le préfet reprit la parole. Il ramassa le propos. « Avec le Contrat Local de Santé, vous l'avez compris, Mesdames et Messieurs les élus, il s'agit d'apporter de la valeur ajoutée aux territoires en matière d'accès à la santé. » Un maire, mi malice, mi colère l'interrompit. « Vous parlez de valeur ajoutée Monsieur Le Préfet. Ajouter des réunions dans nos territoires, on a bien compris avec le CLS qu'on va y avoir droit, mais ajouter un seul médecin dans ma commune, est-ce que vous me le garantissez ? À aucun moment dans votre CLS, je n'ai vu d'action sur l'implantation de nouveaux médecins. »

Sentant le préfet chanceler, le bon petit soldat de l'ARS reprit le flambeau. « La réflexion n'est pas de cet ordre-là, Monsieur le Maire. J'ai employé le mot articulation, j'aurai tout aussi bien pu dire, mutualisation, coordination, mobilisation collective… Et puis, soyez rassuré le CLS va se décliner en fiches-action. »

Fiche-action ! Le mot magique était prononcé. Le sésame universel que l'administration propose aux élus était mis sur la table. Pour toi, lecteur qui n'est pas rompu au charabia administratif, je te livre deux règles fondamentales d'interprétation. 1) La fiche-action est à l'action ce que la simulation est à l'orgasme. Ça peut faire illusion, mais au fond, ça ne donne jamais satisfaction. 2) À l'inverse du professionnel de l'action qui t'apporte une solution, le professionnel de la fiche-action t'invite à des réunions de concertation.

Le Contrat Local de Santé est un hochet offert aux élus pour les distraire du vrai sujet : celui de l'implantation de médecins généralistes en milieu rural. Le divertissement n'est en fait que diversion et ce qui aurait pu amuser ne fait qu'abuser. On veut faire croire, avec le CLS, qu'une meilleure allocation des faibles moyens existants sur le terrain résoudra le problème. Mais la mise en commun de ressources inappropriées n'a jamais fait une solution adaptée. Plus on agite le joujou, plus résonne le scandale de la désertification médicale. L'État n'est pas complice de cette faillite, il en est le responsable principal. C'est la volonté d'abandon, le refus de monter au front qui est premier sur ce sujet. Sciemment, l'État fait le choix de livrer une France reléguée à des citoyens de seconde zone. D'administrer une sous-France, juste bonne pour des sous-citoyens.

Le monde en pire

Prophète, Houellebecq a délivré sa sentence : « Nous ne nous réveillerons pas après le confinement dans un nouveau monde ; ce sera le même en un peu pire. »[1] Plusieurs indices s'assemblent en faisceau pour faire de l'oracle une certitude.

Dans un discours prononcé le 14 octobre 2021, Emmanuelle Wargon la ministre déléguée au logement a dit tout le mal qu'elle pensait de la maison individuelle : « ce rêve construit par les français dans les années 1970 », « ce modèle d'urbanisation

1. Extrait d'une lettre de Michel Houellebecq, rendue publique sur *France Inter* le 4 mai 2020.

qui dépend de la voiture pour les relier, est un non-sens écologique, économique et social». Le modèle du pavillon avec jardin n'est pas soutenable et nous mène à une impasse.»

La perspective est claire. Notre ministre veut mettre les français dans des cages à lapin. Le papa, la maman et les enfants dans des box... cellules... QHS[1]. C'est la voie vers une *cagealapinisation* généralisée. Drôle d'époque. On promet au bovin, la libération, la fin de l'élevage intensif et *en même temps* on impose à l'humain la claustration, l'entassement. Chaque fermier, sous peine de sanction, doit concéder à ses animaux l'espace de confort qu'ils sont légitimement en droit de revendiquer. *Veau, vache, cochon, couvée*... à chacun son *lebensraum.* C'est *la ferme des animaux*, la dystopie Orwellienne[2] à nos portes.

Elle assène des horreurs sur un ton très gentil, notre ministre: «Tout ça, c'est pour sauver la planète» nous dit-elle. Et si c'était pour faire place nette? Parquer le peuple, pour mieux réserver à la classe dominante la profondeur et la largeur du territoire. Le pouvoir s'offre des largesses! Où habite-t-elle cette représentante de l'élite? Personne dans les médias ne pense à lui demander. Oubli, ou réflexe de classe? Quelques mois plus tôt, elle s'est exposée – vautrée, disent ses adversaires, répandue serait plus exact – dans un journal avec sa famille. Poids des mots, elle réside dans une banlieue chic. Elle y a élu domicile, choc des photos, dans une belle maison avec un grand terrain.

Le vent gronde en Bretagne. En ce mois de novembre 2021, on manifeste à Saint Malo, Morlaix, Huelgoat... Ville moyenne, petite ville, rural, la fronde est générale. L'immobilier atteint des

1. Quartier de Haute Sécurité. De 1975 à 1982, lieu d'isolement et de régime disciplinaire renforcé dans les centrales et maisons d'arrêt françaises.

2. Georges Orwell, *La ferme des animaux*, (1945)

sommets. Le marché est sous pression. Poussés par le Covid, les urbains, aisés uniquement, achètent pavillons, maisons, manoirs… Un pied-à-terre supplémentaire, c'est bien utile en ces temps de crise sanitaire, pour télétravailler, farnienter, airbnbiser… Main basse sur le territoire. Les prix s'envolent. Les résidents locaux, indigènes, se trouvent mis hors-jeu ; trop chère la chaumière.

À Moutiers-les-Fidèles, le même phénomène est observé. L'accès au marché se ferme aux moutierrois, jeunes principalement, seuls ou en ménage. La gentrification des campagnes est en marche. Cours camarade, t'as les bourgeois au cul ! Galope, ouvrier, employé, paysan et gagne le peu qu'il te reste, l'ultime retraite : la lande désolée, la forêt profonde… réserve pour moujiks et koulaks réunis.

L'épidémie aurait généré un exode urbain. Il conviendra, avec le recul nécessaire, d'en mesurer l'ampleur. Le flux de population profiterait au rural et aux villes moyennes, qui trouveraient dans cet apport démographique le relai d'une nouvelle dynamique. Heureuse surprise, retournement historique. La presse parisienne s'enthousiasme : les citadins, planche de salut du pays profond ! Pour l'heure, je ne partage pas le dithyrambe qui s'étale dans les colonnes. La circonspection me semble de mise. Aujourd'hui, le seul fait objectivement constaté est celui de l'augmentation des prix de l'immobilier qui a pour conséquence, une exclusion des habitants locaux du marché de l'accession à la propriété du logement. Le montant des loyers, lié mécaniquement à la valeur de l'immobilier, évolue aussi à la hausse. C'est un facteur supplémentaire de précarisation des populations locales.

Pour le reste, soucieux de dégager une analyse crédible, deux indicateurs, pour le moins, seront à scruter de près. Celui de la durabilité du mouvement, d'abord. Il faudra s'interroger : s'agit-il d'un feu de paille ou d'une tendance structurelle ?

Ensuite, beaucoup dépendra des nouveaux arrivants et de leur comportement. Seront-ils des intermittents du milieu rural : du vendredi au lundi dans leur campagne, regagnant leur pénates dans la cité pour le reste de la semaine ? *Ouigo, auto, téléboulot, métro, dodo.* Seront-ils des pique assiette, consommateurs, jouisseurs du local et de ses bienfaits, s'étonnant – et parfois faisant le siège du maire à ce sujet – qu'il n'y ait pas dans ces lieux le niveau de service qu'on est en droit d'exiger de la plus modeste des métropoles ? Ou alors seront-ils des résidents à part entière, acteurs impliqués, pleinement investis dans la vie d'ici, y travaillant et concourant à son essor et sa prospérité ? Il est trop tôt pour se prononcer. Les trois à cinq années à venir nous apporterons des réponses.

La boîte à outils est sortie. Prête à l'emploi, elle s'est enrichie d'un nouvel accessoire : le ZAN, pour Zéro Artificialisation Nette. C'est un joujou crée par la loi *climat et résilience* du 22 août 2021. Le ZAN : quésaco ? C'est, pour aller vite, la limitation drastique, dès à présent, puis, l'interdiction, à partir de 2050, de toute consommation nouvelle de foncier pour des besoins de construction. Tout ce qui devra être construit demain ne pourra l'être que par reconstruction sur la déconstruction de l'ancien. C'est le fameux : *reconstruire la ville sur la ville.*

Jacobin, l'État soumet tous les territoires à la même toise. La logique, la raison, le souci du bien commun, l'ambition pour le territoire national, qu'on est en droit d'attendre de nos dirigeants, le sens de la France... auraient voulu qu'il corrigeât les déséquilibres, qu'il pensât harmonie, qu'il se préoccupât de nourrir les ventres creux et de dégraisser les tissus adipeux. Que nenni ! Tout le monde au même régime. Tout le monde au ZAN, au pain sec.

Le ZAN est la perpétuation, poussée à son paroxysme, d'une conception de l'aménagement du territoire, à l'œuvre depuis trop longtemps. Au moins catastrophique, c'est-à-dire dans l'hypothèse hautement improbable où il n'y aurait plus de besoin de construction, le ZAN c'est la vitrification du territoire avec la consécration de ses déséquilibres. Au pire, c'est-à-dire dans la perspective certaine où nous allons encore construire dans ce pays, le ZAN a pour effet l'accentuation du dérèglement du territoire.

Après Emmanuelle la ministre on passe à Emmanuel le président. Je ne sais pas si notre monarque républicain lit Houllebecq. En tout cas, il s'évertue à faire de sa vaticination une réalité. Durant son premier mandat il nous a saoulés de discours sur la relocalisation dans la maille rurale, de l'industrie, des médecins, des services publics… de la richesse d'une façon générale. On n'a rien vu venir, la trame a continué de s'effilocher. À peine réélu voilà Emmanuel Macron animé d'un nouvel élan. Face à la critique qui monte il a la solution, de quoi clouer le bec à ses détracteurs. En grand maitre du repeuplement, il va relocaliser dans les campagnes les populations immigrées[1]. Instiller la pauvreté, déliter l'identité…

Ainsi bat, arythmique, le cœur de l'aménagement de notre territoire. diastole en surpression, systole en dépression. Concentrer – désertifier, le parisien thrombosé, le limousin anémié. Massifier

1. Dans une intervention devant les préfets le 15 septembre 2022, Emmanuel Macron évoque son souhait d'une meilleure répartition des étrangers vers les zones rurales.

– évider, le nantais engorgé, le nivernais asséché. Ainsi va, bas boitant, le déménagement de notre espace, une jambe emballée, l'autre entravée. Submerger – écoper, le strasbourgeois numérisé, l'angoumois déconnecté. Densifier – évacuer, le toulousain mondialisé, le lozérien sous-francisé…

C'est le grand dérangement, la déconstruction programmée, *la cagealapinisation* en marche, l'assignation à résidence pour tous.

Abandonné par l'État

Sur mon imprimé de taxe locale foncière, une nouvelle colonne apparait depuis trois ans : Taxe GEMAPI (Gestion des Milieux Aquatiques et de la Prévention des Inondations). Depuis Richelieu, le pouvoir central assure la défense des populations contre la mer et la montée des eaux d'une façon générale. À lui, revient la charge de réaliser les travaux de creusement et de remblaiement, de construction et d'entretien des digues, écluses, étiers et ouvrages divers… Territoire littoral et de marais, Vendée Sud Atlantique est en première ligne face à la menace des eaux. L'État inconséquent a décidé d'abandonner sa mission multiséculaire. Il nous laisse face à un péril qui n'a jamais été aussi grand. Après moi le déluge !

Impécunieux, l'État n'est plus en mesure de jouer son rôle. Dans son lâchage en règle des territoires, il se fait inélégant de surcroît. Il aurait pu organiser la concertation, imaginer les moyens de la mutualisation, proposer de mettre à disposition des savoir-faire techniques et d'ingénierie… Rien de tout ça. Selon un schéma bien rôdé, tristement connu par les élus locaux qui trop souvent ont eu à l'expérimenter depuis les lois de décentralisation, l'État se décharge d'une compétence sur les collectivités et n'y associe pas les transferts de ressources correspondants. Tout juste les autorise-t-il à créer un impôt spécifique permettant de rassembler les financements nécessaires à l'exercice de cette nouvelle charge. Dans le même temps, se faisant menaçant, il rappelle qu'en cas de catastrophe naturelle, s'il est avéré que les dégâts et préjudices sont la conséquence d'une négligence dans le suivi et l'entretien des ouvrages affectés à la lutte contre le danger des eaux, la responsabilité des élus est engagée au pénal.

D'autres exemples pourraient être cités d'un désengagement de l'État, notamment sur le régalien. À Moutiers-les-Fidèles depuis quelques années désormais, l'État nous a confié la réalisation des cartes d'identité et passeports. Pour ce service qui occupe une personne à trois-quart temps, il nous alloue généreusement un montant qui ne couvre que la moitié des frais réels de fonctionnement du service ! Il a en outre le bon goût de nous tancer de temps en temps quand lui remontent des critiques sur une file d'attente jugée trop longue !

Bien sûr, il ne s'agit pas d'un abandon mais bien d'une délégation de compétence. On peut malgré tout s'interroger et s'inquiéter légitimement sur ce choix fait par l'État. Le professionnalisme et l'intégrité des agents de Moutiers-les-Fidèles sont remarquables. Je suis sûr qu'il en est de même dans les autres communes de France. Cependant, à une époque où la sécurité nationale est gravement menacée, comment l'État peut-il négliger une mission aussi primordiale ?

L'exemple des polices municipales pourrait être évoqué. Elles se déploient peu à peu en milieu rural. À Moutiers-les-Fidèles c'est un sujet qui gagne du terrain. C'est une évolution désormais admise par les élus locaux, un mode de fonctionnement nécessaire auquel il faut bien se résoudre pour faire face à la montée des incivilités, à la perte progressive du sens civique chez nos concitoyens. Le pragmatisme des élus locaux est ici bon sens et sagesse. Sans illusions, ils ont constaté la carence d'un État qui, une fois de plus, démissionne de ses fonctions premières.

Un État ruiné, contraint de battre en retraite. Un État qui pourtant est celui, parmi tous les pays européens, qui prélève le plus. *Qu'est-ce que vous faites du pognon?* Rappelons que cette interpellation pleinement fondée, à l'adresse d'Emmanuel Macron, fut l'étincelle qui enflamma le mouvement des *gilets jaunes.*

Au bord de la banqueroute, l'État fait marche arrière. Il habille son discours en invoquant la nécessaire discipline budgétaire. Personne n'est dupe, mais le propos est recevable. Il faut respecter les grands équilibres et réduire les prélèvements qui pèsent sur les entreprises et les ménages, plombent l'initiative, détériorent la compétitivité et amputent le pouvoir d'achat.

Extrait de *Blanc*[1]. Au quarante-septième jour de sa pérégrination alpine Sylvain Tesson évoque les Français. Jadis réputés pour leur caractère léger et primesautier, ils sont aujourd'hui persuadés que c'est en France qu'a décidé de s'établir le malheur du monde. Il nous décrits convaincus d'être « abandonnés aux mauvais vents par un État dont on exige le secours intégral tout en combattant la moindre immixtion » Il en va des élus ruraux comme des français, ils entretiennent des rapports ambivalents avec l'État. Ils réclament qu'il leur laisse plus de liberté, d'autonomie et de compétence et dénoncent en même temps le désengagement dont il se rendrait coupable dans leur territoire. Ils critiquent, à la quasi-unanimité d'entre eux, l'obsession recentralisatrice portée par Emmmanuel Macron, alors qu'ils

1. *Blanc*, Sylvain Tesson, Éditions Gallimard (2022)

dénoncent avec la même énergie le lâchage en rase campagne du rural. La contradiction n'est qu'apparente. Ce qui est critiqué en vérité, c'est moins l'omniprésence de l'État que son impotence. Là où est sa place naturelle, le régalien : santé, sécurité, éducation, infrastructure… sa position est faible et le sentiment d'abandon est réel. En revanche, là où il est trop, sur le quotidien des citoyens et des entreprises, sa présence est jugée souvent incongrue et son action sans valeur ajoutée mais pourtant tatillonne, normative, contraignante.

Au-delà du souci d'équilibre financier brandit par l'État comme argument, la volonté *de dégraisser le mammouth* obéit aussi à l'objectif de recentrer le Pouvoir sur ses missions premières. Ce faisant, l'État s'en trouverait plus aiguisé et réactif sur le régalien. Du pachyderme, on veut faire un coursier véloce. Las ! Dans sa cure d'amaigrissement le patient est rétif à la discipline du protocole et trop souvent replonge les mains dans le pot de confiture. En conséquence le poids suit une courbe erratique qui n'imprime aucune tendance à la baisse. Ici, dans la confusion et presque en panique, obsédée qu'elle est par le souci d'économie, l'administration, abandonne ce qui relève de sa pleine souveraineté. Là, elle s'accroche à des attributions secondaires et du coup alourdit et ralentit tout le système.

Le repli de l'État ne peut se faire dans le désordre. La règle de subsidiarité, si souvent invoquée et bien peu appliquée, doit demeurer un droit fil dans la conduite de l'action. Tout ce qui ne relève pas de la souveraineté de l'État et peut être géré – sans avoir pour conséquence une rupture d'égalité entre les citoyens – avec un niveau de compétence et d'efficacité suffisant par l'échelon le plus bas, doit demeurer ou être transféré à l'échelon de base.

La machine à métropoliser

Il a été parfait notre président de communauté de communes. Il a laissé toute sa place au débat. Le sujet était d'importance, il s'agissait, pour les communes du territoire, de se prononcer sur le choix de conserver ou de transférer à l'échelon intercommunal leur compétence en matière d'urbanisme. Sur cette matière complexe, quelques explications sont nécessaires.

L'urbanisme est pour une commune un outil au service de la programmation de son foncier. Il permet, notamment à travers le PLU (Plan Local d'Urbanisme), d'en définir les usages dans une perspective de moyen terme. À travers ce document, tous les terrains de la commune sont ainsi zonés : à vocation agricole, ou habitat, ou bien développement économique, ou encore loisirs, ou réserve naturelle… Au quotidien, l'urbanisme est également un instrument opérationnel. Inscrit dans un cadre réglementaire il confère à la commune le pouvoir d'engager des opérations de création de lotissement, de délivrer des autorisations de construire… C'était encore il y a peu, avant le travail constant de sape mené par l'État pour réduire le pouvoir des communes (indépendamment des alternances politiques) l'une des dernières grandes compétences communales.

Poursuivant son grand dessein le pouvoir central convoque régulièrement, dans le cadre des intercommunalités, les communes pour les « inviter » à passer la main aux communautés de communes en matière d'urbanisme. Celles-ci se verraient alors confiées l'élaboration et la mise en œuvre d'un PLUI (Plan Local d'Urbanisme Intercommunal).

Tout en ayant l'air de ne pas y toucher, l'État y met toute sa conviction. Grâce à la maitrise qui est la sienne de l'arme réglementaire d'une part (qui lui permet de délivrer autorisation ou refus sur les projets présentés par les communes) et de l'arme financière d'autre part (avec laquelle il accorde ou non subsides et dotations), il peut sans difficulté exercer une pression qui ne dit pas son nom sur les maires. « Une autorisation ? Comment vous dire, Monsieur le Maire le règlement est tout de même assez strict… Une subvention ? On raisonne à enveloppe constante sur tout le département, Monsieur le Maire, et cette année vraiment beaucoup de communes ont présenté des projets… »

Il eut été logique que le président de la communauté de communes, maire de la commune la plus importante qui plus est, militât auprès de ses maires pour un transfert de la compétence au profit de l'intercommunalité. Non seulement il n'en fit rien, mieux il laissa les arguments des uns et des autres se déployer. Conscient d'une défaite certaine mais convaincu des conséquences funestes qu'aurait immanquablement une telle évolution, je montai au créneau.

Le PLUI s'inscrit dans le droit fil d'une idéologie unique d'aménagement du territoire, promue par l'État depuis quarante-cinq ans. À l'échelle de la France, le résultat s'affiche devant nous, désastreux. Aux villes (j'entends les grandes, les métropoles) : certes les lumières dans le périmètre d'un noyau central, mais aussi, au-delà, la ghettoïsation, la ségrégation, les territoires perdus de la République, l'encombrement, le bilan carbone irrespirable, le mal-logement… Au rural : la dévitalisation, le départ des services publics, la désindustrialisation, la précarisation et la paupérisation des populations. Pour faire bonne mesure, j'ajoute une poignée de terre sur la tombe du mort vivant, la sous-médicalisation, la jeunesse sans avenir, la faillite du commerce, l'exil des jeunes talents… N'en jetez plus !

Insignifiant parce qu'excessif répondront ceux qui refusent d'ouvrir le débat. Partial parce que partiel objecteront d'autres, plus modérés. J'en conviens, mais on ne peut m'opposer que c'est une des réalités de la France contemporaine. Le résultat d'une politique conduite de façon constante depuis des décennies. Cela permet pour le moins de s'interroger sur la pertinence de poursuivre dans ce sens, vous me l'accorderez.

À cet égard, j'adhère à l'une des analyses développées par Christophe Guilluy. C'est paradoxalement, sur le plan économique, une politique qui ne fonctionne pas si mal. Elle crée des poches de prospérité et même des îlots de performance et d'excellence qui maintiennent, plus qu'honorablement, la comparaison au niveau européen. Il n'y a qu'un problème sur cette carte de France peau de léopard et il est de taille; c'est un modèle qui mine la base de notre pacte républicain. Égalité, Fraternité, au moins deux des branches de l'arbre de notre République sont sciées. Et non au sommet, mais bien au plus ras.

Au niveau vendéen, il n y a aujourd'hui rien qui corresponde à cette réalité décrite. Le département est présenté bien souvent, à raison, comme un contre-modèle d'aménagement du territoire: une architecture urbain-rural équilibrée, aucune métropole ultra-dominante et donc «phagocytante». Un rural dynamique, très habité, sous-tendu par une agriculture encore forte. Une densité de l'artisanat et la présence d'un tissu industriel diversifié fait de PME/PMI. Une vie associative animée et des services répondant à la variété des besoins de la population. À horizon vendéen, le tableau cataclysmique d'une France au bord de la rupture ne convient pas.

«Pourquoi donc s'opposer au PLUI s'interrogent les maires? Nous n'y gagnerions, pointés du doigt comme un mauvais élève par un État qui n'aime pas les têtes qui dépassent, que tracasseries. » Je reconnais bien volontiers qu'une telle orientation nous aurait entrainés dans une guerre de tranchée sans fin avec l'État qui condamne tout mouvement. Le pragmatisme a triomphé. Ah le pragmatisme, ce succédané d'idéologie ! Convoqué au nom de la seule efficacité, il est le cimetière de tous les grands desseins.

La position des maires étant sans ambiguïté, le PLUI fut adopté. Pratique, le président de la communauté de communes aidé de son vice-président en charge du dossier s'emploie à user toutes les possibilités permises par le règlement pour donner aux communes le maximum de place dans la mise en œuvre du dispositif. Le sujet central est celui de l'aménagement de notre territoire et c'est aux élus de garder pleinement la main. Je le remercie de cet engagement qu'il poursuit avec détermination, j'en suis témoin. C'est un moindre mal, même si à mes yeux sur le fond cela n'enlève rien aux tares congénitales qui affectent le PLUI.

Le PLUI est un moyen rêvé pour permettre à l'État de faciliter et d'accroître son contrôle sur les collectivités. À l'échelle d'un département, c'est au grand maximum une vingtaine de PLUI qui lui seront soumis, correspondant au nombre des intercommunalités que compte le territoire. Quelle aubaine pour des services préfectoraux à la peine, de moins en moins présents au cœur des territoires ! Du temps des PLU, il s'agissait de viser et de suivre l'exécution de plusieurs centaines de ces documents élaborés par chaque commune d'un département.

Le PLUI est l'un des derniers rejetons de la longue série des outils conçus par l'État qui ont conduit à la déstructuration du territoire. La même philosophie mortifère : concentrer encore et toujours. Avec cette logique on finira, j'exagère à peine, 95% de Français sur 5% du territoire. La mécanique de la machine à métropoliser est imparable. Rappelons d'abord que le PLUI est, à l'origine, un instrument déployé auprès des seules aires urbaines. À l'échelle d'une agglomération, où par définition se concentrent les populations, les réseaux, les infrastructures, de sorte que l'espace a la cohérence d'une unité qui s'affranchit des frontières communales, on peut éventuellement admettre l'utilité d'un document unique qui a vocation à optimiser l'implantation des équipements, organiser la fluidité des mobilités et répartir les activités.

Par glissement et facilité naturelle, l'État jacobin, incapable de proposer une variété de pratiques qui conviendrait à la diversité des situations, a jugé bon d'imposer l'usage du PLUI à tous les territoires. Ce n'est pas en étendant au rural l'emploi d'un outil adapté à la résolution des problématiques urbaines qu'on lui apportera des solutions. Insistons par ailleurs sur un point. Le refus d'adopter la pratique du PLUI à l'échelle d'une intercommunalité n'empêche nullement l'exercice d'un urbanisme concerté entre communes d'un même territoire et la mise en place d'une programmation coordonnée. Sur un même espace, les élus se connaissent, se parlent tous les jours et malgré des intérêts parfois divergents savent travailler ensemble.

À l'échelle de l'intercommunalité, le Plan Local d'Urbanisme est un dossier lourd, complexe et éminemment technique. De fait, il devient l'affaire de la structure administrative. Les élus sont certes, associés au comité de pilotage en charge de l'élaboration du PLUI, mais l'adoption du document définitif nécessite en général trois à quatre ans, un vrai marathon de réunions ! La petite commune s'y use. Représentée par un seul référent au sein d'une instance où s'impose le poids des grosses communes, elle est dépassée par une échelle où se jouent les enjeux qui concernent tout le territoire. Sa capacité à peser dans les arbitrages est nulle. Préparées en amont par les cadres administratifs et les cabinets spécialisés, les décisions sont soumises aux commissions qui se cantonnent à un rôle de chambre d'enregistrement.

Le PLUI, c'est l'histoire de la dépossession des élus locaux (particulièrement ceux des petites communes) aux profits des techniciens. Du remplacement d'un savoir-faire des élus municipaux nourri par une connaissance intime du terrain, de son histoire, de ses propriétaires, de ses agriculteurs, par une appréhension théorique, réglementaire et juridique. D'une expertise au plus près qui cède le pas à une perception éloignée.

À fleurets mouchetés ou à crocs acérés, la politique est histoire de rapport de force. C'est celui qui pèse le plus qui emporte la mise. À ce jeu, les petites communes sont toujours perdantes. En matière d'urbanisme, quand il s'agit de se répartir au sein d'une même intercommunalité le quota chichement consenti par l'État des zones à bâtir, le rural profond ne fait pas le poids. La machine à concentrer est à l'œuvre.

À l'aire urbaine-centre, toujours plus et à la commune retirée, les miettes. Les écarts de densité, déjà importants s'accroissent inexorablement. Toutes les bonnes raisons sont convoquées pour justifier la logique en marche. En matière sociale et économique, il faut privilégier une implantation des ménages ou des entreprises à proximité des services et les utilités déjà en place (éducation, médecine, commerce, emploi, services publics...). D'un point de vue financier, c'est un principe de bonne gestion de s'appuyer sur les investissements en infrastructures (réseaux, eau, électricité, numérique...) déjà réalisés pour, de proche en proche, poursuivre l'urbanisation.

Un collègue, élu dans le sud Vendée, dans une zone rurale en retrait, proche des Deux-Sèvres, m'a raconté récemment comment il n'avait pu accueillir dans sa commune un jeune artisan menuisier. Le règlement du PLUI interdisait toute extension de sa zone d'activités. Jusqu'où continue-t-on ? Jusqu'à quand la spirale de la thrombose pour certains et l'engrenage de l'anémie pour les autres ? Et si on inversait le sens du moteur de la machine à métropoliser ? Si nous étions mûrs pour une telle révolution ? Si nous aspirions à changer notre rapport à l'espace ?

La gloire de l'État

Il serait si facile d'écrire un livre à la seule gloire des élus locaux et de dénigrer l'État à longueur de pages. De surcroît le moment nous y incite. La coupure d'électricité qui menace, le médecin généraliste qu'on ne trouve plus, l'insécurité qui suinte, l'hôpital au bord de l'asphyxie, notre souveraineté alimentaire près de la rupture, l'Éducation Nationale qui avec les résultats qu'elle affiche croupit dans les bas-fonds des classements internationaux… Tous ces trains qui n'arrivent plus à l'heure disent la faillite de nos politiques publiques et ont pour de nombreux français, j'en suis, le goût amer de l'humiliation. L'État stratège n'est pas au mieux de sa forme. Comment avons-nous pu tomber si bas ? Le sentiment est ressenti avec d'autant plus d'acuité qu'il y a chez nous à l'égard de l'État une disposition naturelle à la confiance. Si elle s'érode à la mesure des piètres performances le terreau nourricier est toujours-là me semble-t-il. C'est culturel. Moi qui ne suis pas ennemi de l'Ancien Régime je crois, par-delà le temps, à la filiation qui nous lie au colbertisme triomphant.

Le terrain (une fois de plus, avec les vertus qu'il contient) nous invite à un autre regard. Au plus près, j'en suis témoin l'État sait être grand, juste, efficace. Vice-Président en charge du développement économique sur la communauté de communes j'ai pu voir de nombreuses entreprises, petites ou grandes, mises en difficulté au moment de la crise sanitaire. Il y a d'abord celles, les commerces notamment, qui en vertu de règles préventives et prudentielles ont été contraintes à la fermeture. Il y a aussi celles qui ont été affectées par la mise en berne de pans entiers d'activités et le fonctionnement à bas régime des acteurs économiques. C'est le chiffre d'affaires qui recule, la mécanique bien huilée des relations clients fournisseurs qui s'enraye...

Dans ces conditions inédites l'État a dégainé la grosse artillerie. Tout un arsenal de garanties, de prêts relais, de mesures compensatoires, de dispositifs d'indemnisation... a été déployé. Au-delà du national c'est aussi, et peut-être surtout, au niveau local que la partie s'est jouée. Grâce à l'impulsion des préfets, au souci du local exprimé par les sous-préfets, à la mobilisation des CCSF[1] sous la direction des directeurs départementaux des finances publiques, l'État a su agir en proximité. Il a été capable d'une prise en compte attentive, d'un examen au cas par cas de situations singulières. Ici c'est un report de TVA qui a été accordé, là des facilités des paiements qui ont été consenties, des échéanciers qui ont été réétalés... Ce grand corps roide qu'on dit être l'État a su faire preuve d'agilité. Il y eut des mains tendues,

1. La Commission des Chefs des Services Financiers et des représentants des organismes de recouvrement des cotisations sociales et de l'assurance-chômage, (CCSF), présidée par le Directeur Départemental des Finances Publiques, réunit le directeur de l'URSSAF, le directeur de la MSA, ainsi que les représentants des différents régimes de sécurité sociale obligatoires de base.

des mots passés à l'adresse de désespérés pour assurer, réconforter. À chaque fois la confidentialité a été respectée, aucune information susceptible de nuire à la réputation de l'entreprise sur son marché n'a été divulguée. À cet instant l'État a joué un rôle déterminant dans le maintien du tissu économique des territoires et dans la préservation des emplois locaux.

Pour les libéraux grincheux c'est encore et toujours trop. Ils dénoncent la pathologie congénitale de l'État, sa propension à dilapider un *pognon de dingue*[1], la dette qu'on reporte sur les générations futures. C'est aussi la critique à l'endroit d'un État qui a renoncé à être visionnaire et se cantonne désormais à un rôle de nounou nationale douée pour la seule câlinothérapie. Le propos est recevable. Cependant qui de nous était disposé à voir s'effilocher la maille qui tient nos communes, nos artisans et nos commerces baisser le rideau définitivement, nos voisins mis à pied de leur emploi ?

Au moment de la pandémie, au plus fort du péril, l'État par son action efficace a assuré la cohésion territoriale et sociale du Pays. Très peu a été su et dit sur ce sujet. L'État ne sait pas communiquer. Le plus petit de ses écarts et manquements fait grand bruit alors que son action résolue, discrète, au service du bien commun est au mieux ignorée au pire déconsidérée parce que comptée pour la moindre des évidences. Dénonçant la dérive propre à notre époque du « tout communication », de

1. Référence à l'intervention d'Emmanuel Macron le 12 juin 2018 : « La politique sociale, regardez : on met un pognon de dingue dans des minima sociaux, les gens ils sont quand même pauvres. On n'en sort pas. Les gens qui naissent pauvres, ils restent pauvres. Ceux qui tombent pauvres, ils restent pauvres. On doit avoir un truc qui permette aux gens de s'en sortir. »

l'autoglorification permanente, convaincu que le *bruit ne fait pas de bien et le bien ne fais pas bruit*, je dois reconnaître que je suis pris au piège de mes propres contradictions. L'État, localement, ne plaide pas sa cause, ne fait pas de selfie, ne se met pas en scène… sa réputation en pâtit.

Et si ce livre était celui d'un amoureux éconduit ? D'un passionné de l'État qui se désole de ne plus le voir occuper la juste place qui devrait être la sienne ? C'est l'une des lectures que je préconise.

Que la Montagne est belle

Il est sept heures et demie
Petit plaisir matinal
Sur le zinc *chez Sylvanie*
Mon café… le journal.

C'est l'anniversaire de la mort de Jean Ferrat. Branchée sur *Nostalgie*, la bande son, un titre sur deux, diffuse un standard du chanteur. Quelle voix ! J'ai toujours aimé Ferrat. Non pour son communisme, est-ce utile de le préciser, mais pour ses interprétations ; quel talent ! Au fond, peut-être fallait-il voir dans son orientation politique, moins la stricte observance de l'orthodoxie marxiste que l'expression d'un messianisme. *Que la montagne est belle*[1], nous y voilà.

Ils quittent un à un le pays
Pour s'en aller gagner leur vie

1. *Que la Montagne est belle*, paroles et musique Jean Ferrat (1964)

Loin de la terre où ils sont nés
Depuis longtemps ils en rêvaient
De la ville et de ses secrets
Du formica et du ciné

Les vieux ça n'était pas original
Quand ils s'essuyaient machinal
D'un revers de manche les lèvres
Mais ils savaient tous à propos
Tuer la caille ou le perdreau
Et manger la tomme de chèvre

Refrain :
Pourtant que la montagne est belle
Comment peut-on s'imaginer
En voyant un vol d'hirondelles
Que l'automne vient d'arriver ?

Avec leurs mains dessus leur tête
Ils avaient monté des murettes
Jusqu'au sommet de la colline
Qu'importe les jours, les années
Ils avaient tous l'âme bien née
Noueuse comme un pied de vigne

Les vignes, elles courent dans la forêt
Le vin ne sera plus tiré
C'était une horrible piquette
Mais il faisait des centenaires
À ne plus que savoir en faire
S'il ne vous tournait pas la tête

Refrain

Deux chèvres et puis quelques moutons
Une année bonne et l'autre non
Et sans vacances et sans sorties
Les filles veulent aller au bal
Il n'y a rien de plus normal
Que de vouloir vivre sa vie

Leurs vies, ils seront flics ou fonctionnaires
De quoi attendre sans s'en faire
Que l'heure de la retraite sonne
Il faut savoir ce que l'on aime
Et rentrer dans son HLM
Manger du poulet aux hormones

Tout est dit. C'est un à un qu'ils quittent le pays. La démarche est individuelle, elle se fait à la dérobée. Une fuite en rasant les murs. En partant, on quitte les siens, on rompt les liens qui unissent le groupe, le village, la famille. L'aventure est égoïste, mue par la vénalité : *pour aller gagner sa vie.* Voilà que l'existence se monnaye. Elle a, vulgaire objet, une valeur. Et pour quel butin se vend-on, je vous le demande ? *Du formica et du ciné.* La belle affaire ! Miroir aux alouettes ! Inversion des valeurs ! *La ville et ses secrets* se révèlent être du toc, ce qui y brille est pacotille. Le formica, sa surface lisse, sans aspérité comme une vie sans grandeur, sans relief. Le ciné, les stars qui scintillent sur les toiles sont sans odeur, sans chaleur, diaphanes. Comme par procuration, une vie sur écran glacé.

Le texte est construit autour d'un axe central, celui de l'opposition entre le rural et l'urbain. C'est dans le temps que se cristallise la contradiction. D'abord, il y a le temps des vieux, qui fait face à celui des jeunes, qui *nés* ici sont déjà *loin de la terre*. Alors que les anciens, eux, sont fidèles au pays éternel. Ils incarnent la permanence, dans les gestes, *ça n'était pas original quand ils s'essuyaient machinal*, comme dans les pratiques, *ils savaient tous à propos tuer*, imprégnés qu'ils sont d'un rapport inné et harmonieux avec la nature, *la caille ou le perdreau*. Le gibier nommé ici, renvoie au *poulet aux hormones* de la dernière strophe : nourriture naturelle contre pitance industrielle, bartavelle ou bécasse plutôt que volaille en batterie, souffle d'Aouro ou de Tramontane et non air conditionné.

Ensuite, il y a le temps des cieux. Celui qui, clément ou calamiteux, *une année bonne et l'autre non*, apporte la manne ou la ruine. C'est un temps, contre mauvaise fortune bon cœur, qu'on épouse et qu'on fait sien lorsqu'on a *l'âme bien née*, à faire *des centenaires*. Tout le contraire des filles qui veulent jouir de l'instant, échapper à l'épreuve du temps, s'étourdir *au bal*, des masques et des faux-semblants, désillusion.

Il n'y a rien de plus normal, quand la quête de la normalité confine à la banalité, *que de vouloir vivre sa vie* : paradoxe, l'obsession de tout vouloir contrôler n'aboutit qu'à subir. Fatalité, on se retrouve *flics ou fonctionnaires*. Bienvenue dans la vie pépère. *De quoi attendre sans s'en faire*, existence de feuille morte au gré du vent, sa mise au rencart, on bat en *retraite*. On obéit, soumis qu'on est, à la cloche qui *sonne* l'heure de l'enfermement *dans son HLM*. Petite vie recluse dans son *QHS*, destin étriqué. Alors que là-bas au pays de la montagne, rien de commun, l'infini pour horizon. Oui, ici la vie est de prière, avec *leurs mains dessus leurs têtes*, comme on rend grâce au Tout-Puissant, comme on s'abandonne au plus aimant, et l'existence faite de labeur, *ils avaient monté des murettes*. C'est ainsi que l'homme échappe au châtiment de Sisyphe, donne du sens à sa vie. *Jusqu'au sommet de la colline*, récompense suprême, approcher Dieu, tutoyer le divin.

Enfin il y a le temps de Dieu, à l'origine de la Création et de son ordonnancement, avec le rythme des saisons. *En voyant un vol d'hirondelle*, évoque le printemps qui symbolise la beauté, celle de la montagne et de la campagne plus largement, et la liberté. Le printemps se retire, *l'automne vient d'arriver;* c'est l'autre nom du déclin. Le rural s'en est allé, la ville a pris place. De la profusion à l'uniformisation. Du spirituel vers le matériel.

La nature est belle et bonne pour et par l'homme, s'en éloigner, c'est se perdre. C'est la sentence délivrée par le texte magnifié par l'interprétation de Ferrat. Il ne s'agit pas d'un simple hymne à la beauté des paysages mais bien d'une allégorie qui célèbre la communion de la nature et de l'Homme. Une élévation commune. L'homme grandi par ses épousailles avec Dame Nature. La nature parée de mille atours, fécondée par la sueur et le sang de l'Homme.

Un autre enseignement doit être tiré à mes yeux. Il ne s'agit pas directement du propos de Ferrat mais d'une interprétation extraite des replis du texte, une vision plus politique et plus actuelle. Certes la jeunesse a besoin d'absolu, *depuis longtemps ils en rêvaient*, de transgression, de meurtre du père, *les vieux ça n'était pas original.* Pour autant, il ne suffit pas de s'extasier devant une montagne, aussi belle soit elle, pour la convaincre d'adhérer au rural et s'élancer tout de go vers les sommets, goûter l'ivresse des cimes. Pour l'heure, c'est à l'odeur de naphtaline que la jeunesse de France associe le rural. Il ne lui tend que l'image racornie d'une photographie sépia, réserve d'anciens, sanctuaire de la tradition. Sur ces bases, aucune ascension possible. Rien de grand ne se bâtit sur la nostalgie. Il faut sur le rural créer un imaginaire, réveiller son génie, le porter à incandescence. Le défi est immense.

LE PEUPLE

Garden party

En 2018, dans les jardins de l'Élysée, lors des Journées du Patrimoine, Emmanuel Macron s'est permis de tenir un discours abrupt à un jeune demandeur d'emploi qui, visitant les lieux, en profita pour l'interpeller sur sa situation. En réponse, le président l'invita à « traverser la rue » afin de saisir les opportunités qui, tout près, lui tendaient les bras et que par immobilisme, autant mental que géographique, il n'arrivait pas à capter. « Bougez-vous mon garçon que diable ! ».

Dans le petit monde médiatico-politique, la sortie fit grand bruit. Macron était accusé de mépris à l'endroit de son interlocuteur et au-delà, de pointer du doigt toute une génération soupçonnée d'être apathique. Plus encore, il faisait porter sur le jeune (la victime) la responsabilité de son chômage, sans s'interroger sur l'impasse de sa propre politique.

Dans la vie réelle moutierroise et plus particulièrement auprès des chefs d'entreprises locaux et environnants, la réaction fut tout autre. En recherche permanente de compétences, excédés de ne pas trouver chaussures à leur pied dans un contexte où le taux d'inactivité reste élevé, artisans, commerçants et industriels applaudissaient des deux mains trouvant bien à propos le couplet du Président.

Honnêtement, je dois avouer que je n'étais pas loin de partager leur avis. Cependant une question me taraudait. Pourquoi, ce même ton, si direct et franc, notre président est-il incapable de l'employer auprès des médecins sortant d'études? La situation n'est pas symétrique il est vrai, elle est même à l'exact opposé. Les frais diplômés en médecine, non seulement ne sont pas à la recherche d'emploi mais sont même très sollicités. L'injonction du président à leur endroit n'en serait que plus légitime. Il s'agirait alors de bousculer ces jeunes gens, non pour résoudre un problème qui leur est personnel, mais bien pour apporter une solution à un blocage national.

Adepte des coups médiatiques et pas avare de bonnes formules, notre président pourrait très bien lors de la traditionnelle garden party du 14 juillet, reproduire l'opération « traversez la rue » avec une flamboyante formule à l'adresse des médecins: « Allez par plaines, monts et vallées, soigner berrichons, béarnais et cévenoles! ». Parions sans risque qu'il ne le fera pas. Pourquoi? Sans doute l'autorité du Politique est-elle en question. C'est dans l'air du temps. Celle des pères sur leurs enfants et des professeurs sur leurs élèves sont aussi ébranlées. C'est l'histoire d'une démission. Rendons-nous compte du chemin rapide parcouru vers la capitulation. Il y a à peine plus de cinquante ans, Olivier Guichard, Ministre du Général de Gaulle, digne d'un imperator romain l'index pointé sur une carte, imposait, avec sa DATAR[1], à telle ou telle industrie ou administration de s'implanter en province à l'endroit désigné par l'État. Aujourd'hui, le Président de la République n'est même plus capable d'exiger d'un blanc bec, dont les études sont payées par le contribuable, qu'il s'installe (ne serait-ce que

1. Délégation et l'Aménagement du Territoire et à l'Action Régionale.

quelques années, ou même simplement pour des remplacements), en milieu rural.

La faillite de l'autorité, qui est celle de la volonté, ne peut cependant concentrer à elle seule les raisons du blocage. Le problème est plus profond, il ressort d'une fracture culturelle me semble-t-il. Si Emmanuel Macron se tait, c'est tout simplement parce qu'il n'a pas conscience de l'acuité du problème qui mine la campagne française. Le rural n'appartient pas à son univers. C'est pour lui *terra incognita*, tout comme ça l'est d'ailleurs pour l'écrasante majorité des étudiants en médecine, représentative d'une population française aujourd'hui sur-urbanisée. Ces gens partagent les mêmes codes que l'élite mondialisée, plus à l'aise à Berlin qu'à Felletin, étrangers au cœur du vieux pays. On imagine aisément, dans les jardins de l'Élysée, ce jour de fête nationale, l'échange entre le président et une jeune médecin. On y parle Jeff Koons, on s'émerveille de sa dernière expo à new York, mais de la disparition programmée du dernier médecin à Cosne-Cours-sur-Loire on ne s'alarme pas.

Au détour des allées de ce pince-fesses républicain, j'imagine notre jeune docteur poursuivant sa déambulation. À l'approche du buffet elle reconnut, bien planté, solide comme un pilier, Jean Lassalle. La liste des invités lui ayant été transmise quelques jours auparavant, l'élu devina au premier regard notre interne en médecine comme ressortissante du quota convié des jeunes diplômés. Engloutissant petit four sur petit four, au milieu d'un aéropage bruyant, riant à gorge déployée, il l'interpella à sa manière : « Je vous invite à goûter mon canapé Mademoiselle, magret de canard et oignons confits, rien de plus moelleux ! » Tout pour elle dégoulinait de graisse dans cette interpellation : l'allusion dégueulasse, l'amuse-gueule à gerber, le personnage rustaud. Sans un regard pour l'édile, elle s'adressa au serveur en commandant un jus de carotte. Nullement découragé le pyrénéen remonta au créneau : « Vous avez fait le choix du rural pour l'installation de votre cabinet mademoiselle ? Un beau brin de fille comme vous, j'en suis sûr ! Je connais dans le Béarn, un jeune maire épatant, célibataire, éleveur de porcs, il cuisine une garbure dont vous me direz des nouvelles. Je vous laisse son numéro ? » La réponse ne se fit pas attendre : « Te fatigue pas mon cochon je suis végane ! » Elle partit, s'échappant d'un pas pressé de ce qui n'était pas son monde.

Quand Jean Lassalle parle, c'est la France primesautière et fleurie qui s'exprime. Quand notre jeune diplômée l'écoute, c'est la France graveleuse, celle de la main aux fesses, qu'elle entend. Deux pays inconciliables. À bas bruit une sécession s'opère…

La démocratie confisquée

Moutiers-les-Fidèles se situe dans la deuxième circonscription législative de Vendée qui s'étend du littoral sud du département et monte selon un axe nord-est jusqu'à Chantonnay en englobant la Roche sur Yon Sud, la seule zone véritablement urbaine dans cet ensemble. Lors des élections législatives de 2017, le choix des candidats à la députation fut très révélateur du rapport entretenu par les partis avec le rural.

Côté socialiste, il n'y avait pas lieu de tergiverser. La députée sortante établie à la Roche sur Yon avait prévu de remettre son mandat en jeu.

Pour La République en Marche, parti neuf, sans implantation, génétiquement urbain, c'est un candidat en accord avec son ADN qui fut choisi : hors-sol. Il faut dire que dans ce scrutin, les résultats l'ont démontré, peu importe l'ancrage territorial, seule la photo de Macron posant aux côtés du postulant était le sésame universel pour ouvrir les portes de l'Assemblée.

À droite, on raisonna tactique : une élection, c'est d'abord une compétition où seul compte le résultat. Dans ces conditions, il faut choisir un candidat (une candidate en l'occurrence) qui emporte l'adhésion dans le plus grand réservoir de voix de la circonscription, c'est-à-dire dans la seule ville que compte le territoire. L'équation était simple à résoudre, c'est en conséquence une candidate issue de la Roche sur Yon qui fut désignée.

En termes d'efficacité, le raisonnement se tient. Sa pratique est généralisée à la plupart des circonscriptions et traverse tous les partis quand il s'agit de désigner un candidat qui n'est pas un sortant. C'est au nom de ce calcul politique que les élus ruraux sont peu à peu relégués au second plan. Leur représentation est marginalisée au point d'en devenir insignifiante. Dans le rapport de l'urbain au rural, c'est une déclinaison supplémentaire du pouvoir de classe que l'élite dominante (les urbains) exerce sur le groupe dominé (les ruraux).

Lors des élections législatives de 2022, du côté LR, le scénario de la priorité donnée au candidat urbain, au détriment de celui issu du rural ne se reproduisit pas. Cela ne doit rien à la mécanique naturelle du parti. C'est grâce à l'audace d'un jeune candidat que la machine s'enraya. Briguant le poste de député, il prit tout le monde de vitesse. Dès septembre 2021, il réunit près de cinquante maires de la circonscription qui lui apportèrent publiquement leur soutien. La campagne éclair qu'il avait menée, l'imposait à tous. Contraint par l'évidence le parti lui accorda l'investiture.

Le visa décroché par le postulant auprès de ses pairs ne lui porta pas chance. Au soir du premier tour, il n'était pas qualifié pour le second. C'est la candidate investie par le parti présidentiel, élue municipale à La Roche sur Yon, représentante patentée de l'urbain, qui l'emporta.

La démocratie déconnectée

Heureusement, il y a l'assemblée des territoires : le sénat. Au moins peut-on espérer de ce côté-ci une écoute attentive et un relais puissant des préoccupations et des attentes. C'est un fait, la représentation est réelle. Cependant, la Chambre Haute, sous l'effet des dispositions sur le non-cumul des mandats et le développement du scrutin de liste, connait une évolution qui a des conséquences similaires à celles constatées chez sa consoeur du Parlement.

Avec la fin du sénateur-maire et du sénateur-conseiller général, on assiste à la disparition progressive de la dernière génération de sénateurs qui a une connaissance intime, quotidienne, permanente, de la chose communale et territoriale. La rupture du lien entre les mandats national et local consacre l'avènement d'un édile déconnecté des réalités du territoire. Quel paradoxe pour un élu qui a pour rôle de défendre les intérêts des collectivités locales et d'en être le porte-parole ! Élu national et élu local, quand bien même le second élit le premier, sont désormais de nature différente. Ils ne parlent plus la même langue. C'est embêtant pour se comprendre. Une fois de plus le grand perdant c'est le territoire.

Par facilité, donnant libre cours aux discours alimentant la suspicion générale à l'endroit des élus, on a renoncé à expliquer au peuple ce que le bon fonctionnement de la démocratie nécessite d'exigence. Le cumul des mandats en a fait les frais.

Cantonner, faute de cumul, la réflexion et l'action des élus aux limites du pré carré de leur territoire d'élection, voilà bien un drame de notre système démocratique actuel.

Deux types d'élus cohabitent désormais. Ceux locaux, qui connaissent le quotidien du peuple mais sont inaudibles du niveau supérieur et n'ont pas accès aux leviers qui guident la trajectoire nationale. Et ceux nationaux, qui président aux grandes décisions et ne savent si peu du vécu des français. Chacun bien rangé dans son box, séparé par une cloison étanche. Il y eut une époque, pas si lointaine, où l'élu qui concentrait sur sa seule personne un mandat législatif et une responsabilité exécutive locale, était sollicité au niveau national pour sa connaissance précise et fine du terrain et reconnu légitime localement par sa compréhension et sa maitrise des enjeux et des sujets nationaux. Un temps où Paris et la Province se fréquentaient, où Paris et la Province s'instruisaient l'une de l'autre.

La généralisation du scrutin de liste dans tous les départements comptant plus de trois sénateurs bat en brèche la nécessité, qui prévalait jusqu'ici, d'un ancrage local fort. Désormais le sénateur est l'élu d'une liste. C'était, il y a peu encore, l'élection d'un homme ou d'une femme, sur son nom, sa personnalité. Un élu de terrain qui savait nouer un rapport profond, attentif, expert, humain, avec les élus municipaux. C'est désormais la désignation d'un collectif. Un processus qui ne privilégie pas la sélection des meilleurs.

Les réformes successives du mode d'élection des différents scrutins (outre le législatif on pourrait ajouter ceux concernant les assemblées locales) ont pour conséquence l'éloignement de l'élu du terrain. La représentation politique néglige l'attachement au territoire et ce faisant, le territoire tout court. Elle ne puise désormais sa légitimité que du mandat que lui confient des citoyens, considérés comme des individus déconnectés du territoire dans lequel ils vivent.

Est-il sain dans un pays, que la démocratie n'ait pour seul étalon de mesure que la voix de citoyens désincarnés ? Les territoires, à la fois matrice et réalité institutionnelle et politique de cet espace géographique, qui a pour beau nom la France, et au sein duquel les habitants forment une communauté nationale, doivent-ils être négligés à ce point ? Ce lien physique qui fait notre union doit-il ne compter pour rien ? Un homme égal une voix c'est bien, mais un homme dans son territoire égal une voix c'est mieux. Nos anciens, sages et réfléchis, cultivaient le souci de l'équilibre. Ils savaient que la France est un puzzle de provinces et de vieux pays. Il en va d'eux comme des individus. Chacun est unique, a son caractère, sa personnalité. Aujourd'hui l'élite urbaine, mondialisée et sans racine, n'a que faire de ces considérations. Pire, même, elle y voit le moyen de renforcer son pouvoir de classe, sa domination.

Conséquence directe d'une classe politique qui n'a plus les pieds sur terre, le territoire n'est plus un sujet. C'est devenu un impensé de la politique nationale. La population française n'a jamais été aussi importante et pourtant la France n'a jamais été si peu habitée, son territoire autant abandonné. Face à ce constat, la seule politique qui vaille aboutit paradoxalement à approfondir le mal. Concentrer, densifier encore et toujours la population sur quelques arpents est la seule ligne de conduite. C'est là l'œuvre collective d'élus à courte vue, incapables de penser le territoire national. Quel grand élu nourrit aujourd'hui une réflexion sur le territoire, sur l'espace physique qu'il constitue et que, français, nous partageons en commun ?

La politique territoriale, mue par une idéologie cul-bénit se limite aujourd'hui à la seule solidarité, la redistribution du national vers les territoires moins aisés, ou de ceux plus riches vers les moins bien lotis. Voilà aujourd'hui l'alpha et l'oméga de toute action dans ce domaine. Une obsession pour la commisération qui conduit à placer le rural sous perfusion. Et si nous sortions de cette logique misérabiliste ? Si nous considérions que le reculé (la *terra incognita* pour beaucoup trop d'élus désormais) est digne d'être mobilisé au service de la grandeur de la nation ? Si nous voulions bien voir qu'il recèle des ressources et des joyaux magnifiques, insoupçonnés, qui ne demandent qu'à être versés au Trésor National ? La nation se prive de pépites.

La démocratie congédiée

Jean Pierre Chevènement a tout connu de la politique. Ministre de l'Intérieur notamment, c'est-à-dire ministre des collectivités locales, et aussi député, sénateur, président de Conseil Général, maire, président d'agglomération. Du promontoire de son expérience, à l'altitude désormais inatteignable en raison des restrictions sur le cumul des mandats (dans leur objet, comme dans le temps peut être bientôt), il pose dans ses mémoires[1] – formidable ! – un regard sévère sur l'évolution de la démocratie locale.

À mon petit niveau, les constats douloureux que j'ai pu faire durant mon mandat 2014 – 2020 m'invitent à rejoindre son diagnostic. J'ai assisté, passif, à l'enclenchement du processus

1. *Qui veut risquer sa vie la sauvera : Mémoires*, Jean Pierre Chevènement, Éditions Robert Laffont (2020)

d'anéantissement du pouvoir communal. La fin désormais programmée du municipalisme est une rupture majeure dans l'administration territoriale de la France, telle qu'elle s'organise depuis la loi du 5 avril 1884 relative à l'organisation municipale. La loi NOTRe a une responsabilité majeure dans cette affaire. Son acte fondateur commence par un coup de poignard dans le dos du peuple souverain.

En 2014, lors des élections municipales, quatre conseillers municipaux parmi les dix-neuf élus à Moutiers-les-Fidèles, furent désignés pour représenter la commune au sein du conseil communautaire de la communauté de communes du Pays Moutierrois d'alors. En 2017 en plein milieu du mandat municipal et suite à la publication des décrets d'application de la loi NOTRe, la communauté de communes du Pays Moutierrois, désormais reconnue trop petite par la loi, fut supprimée. C'est ainsi, que par regroupement du Moutierrois et du Talmondais, fut créée la communauté de communes Vendée Sud Atlantique.

C'est tout aussi précipitamment, le nombre de représentants des communes au sein du conseil communautaire étant défini sur la base du poids démographique de chaque commune au sein de la population totale de la nouvelle intercommunalité, que la commune de Moutiers-les-Fidèles perdit deux conseillers (passant de quatre à deux) au sein de la communauté de communes Vendée Sud Atlantique. Ainsi deux élus, investis légitimement par le vote populaire, furent congédiés en cours de mandat.

Ce scénario anti-démocratique se reproduisit dans un très grand nombre de communes de France, qui par le double jeu de la création de communautés de communes plus grandes et l'établissement d'un rapport démographique nouveau au sein des ensembles ainsi constitués, furent dans l'obligation d'éliminer certains de leurs représentants.

Qu'y avait-il de si urgent dans l'application de la loi NOTRe, au point de faire un bras d'honneur au vote exprimé par le peuple en 2014 ? La mise en place de la nouvelle organisation territoriale de la France ne pouvait-elle attendre trois ans de plus pour correspondre au terme du mandat municipal ? Une menace imminente perçait-elle à l'horizon ? Pour toute réponse, on nous servit, bien sûr, la sempiternelle fable des économies. Cette fois-ci, c'était la bonne, promis, craché, juré, la loi NOTRe permettrait la rationalisation des schémas organisationnels, l'optimisation dans la répartition des compétences, une dépense publique contrainte et sous contrôle. Cinq ans plus tard, le constat est sans appel. Les coûts de fonctionnement des collectivités et du personnel qu'elles emploient n'ont jamais été aussi importants.

Quant à moi, dans l'épisode de la loi NOTRe, je ne brillai pas par mon élégance. Parmi les deux élus de Moutiers-les-Fidèles qui restèrent pour représenter la commune au conseil communautaire, Christian en tant que maire fut désigné, logique. Je fus le second. Deux de nos collègues, deux femmes en l'occurrence, durent se mettre en retrait. Depuis, je garde au fond de la gorge un goût persistant d'illégitimité, mâtinée de muflerie, que rien ne vient atténuer.

Aucune pression ne justifiait une action précipitée. La vérité est simple. La loi NOTRe fut appliquée sans délai parce que c'est désormais devenu une habitude dans les hautes sphères de se passer du peuple, de s'en moquer, des *sans dents* pensez donc ! Peut-être trouvez-vous que j'en fais trop sur la démocratie. Que je monte en épingle ce qui n'est que peccadille. Allons donc, deux pauvres conseillers municipaux légitimement élus, remerciés en cours de mandat, en raison de l'application de la loi, on ne va pas en faire un fromage ! Rassurez-vous ! Je vous le confirme, nous ne sommes pas à la veille d'un basculement de régime. J'ai cependant chevillé au corps la conviction que tous ces petits accommodements avec la démocratie, qu'une élite sûre d'elle et suffisante croit sans conséquence, s'inscrivent comme autant d'humiliations dans la mémoire longue du peuple ; le sentiment d'avoir été trompé, le constat amer de ne plus compter.

Ces arrangements entre coquins ont dans mon esprit une responsabilité majeure dans la rupture de confiance entre le peuple et ceux censés le représenter. Ils sont une cause essentielle du décrochage du pays. La France *homme malade de l'Europe* : l'insécurité qui gangrène, le taux d'inactivité toujours élevé, la précarité économique bien réelle, l'éducation et la formation défaillante, le doute qui ronge le peuple sur son identité même… À aucun de ces problèmes, déjà anciens, récurrents depuis quarante ans dans les faits, notre système politique n'a pu apporter une issue. C'est bien la preuve du dérèglement de notre régime démocratique qui produit, dans le cercle fermé de l'élite, un débat à vide et ne permet plus de trancher.

Il faut dire qu'en matière de déni démocratique, la voie était toute tracée. François Hollande avec sa loi NOTRe à l'échelle des communes de France ne fit rien d'autre que réitérer le coup-bas sarkozyste du Traité de Lisbonne[1] au niveau européen. Se passer du peuple devient une habitude. C'est emmerdant un peuple qui vote mal. Heureusement, il y a l'entre-soi du Parlement, on peut y annuler le résultat d'un référendum, c'est pratique, congédier le peuple, broutille, et voter comme il faut entre gens de bonne compagnie. Et avec ça, les bien-pensants s'étonnent du désamour des Français pour l'Europe !

1. *Traité de Lisbonne* : traité portant sur la constitution européenne, signé par les États membres en 2007, suite au rejet par référendum en 2005 de la proposition de traité portant modification de la constitution de l'Europe.

Y a-t-il un (ou plusieurs) grand déconstructeur, qui aurait programmé et planifié le démantèlement des fondements de la démocratie ? Je ne le crois pas. Aucun leader incarné, ni chef de bande identifié pour conduire ces basses manœuvres. Il s'agit en fait d'une évolution, qui prend la forme d'un mouvement, d'un courant qui charrie, d'une radiation qui s'immisce. C'est sa force, son irrésistibilité. Sa dynamique est alimentée non par l'expression d'une volonté, mais bien par la négligence, le renoncement, la fatigue morale, la facilité de céder à l'esprit dominant du temps.

Après tout, comme me le fit remarquer un collègue conseiller municipal d'une commune voisine : « Avec des communautés de communes plus vastes, dotées de compétences élargies et dirigées par des assemblées délibérantes resserrées, le système est efficace. » Il est même diablement performant, je partage ce point de vue. Tout en s'enflant en fonctionnement, les communautés de communes ont engagé des politiques ambitieuses d'investissement et de construction, ce n'est pas contestable : infrastructures sportives, équipements et animations culturels, sièges communautaires, pistes cyclables, systèmes d'amélioration pour le traitement des eaux, collecte et valorisation des déchets, zones et pôles d'activités… Pour autant, est-on sûr que les choix sont les bons, que l'allocation des ressources est judicieuse, que la hiérarchisation des priorités correspond à celle souhaitée par le peuple ? Difficile, voire impossible à dire dans un contexte où la désaffiliation du peuple de la politique, désormais consommée au niveau national, se fait grandissante à l'échelon local.

Le divorce d'avec la démocratie concerne-t-il tout le monde ? Non, à grands traits, il touche les ouvriers, employés, précaires, déclassés, périphérisés, ruraux, ceux dont les perspectives sont incertaines, bouchées… beaucoup de jeunes aussi. Le peuple lassé, écoeuré, marginalisé a pris le parti de ne plus répondre à l'appel des urnes. Il a démissionné de la démocratie. Les enquêtes sur le taux de participation des classes populaires aux élections sont sans équivoque. Le jeu politique n'est plus que le pré carré d'une élite nantie, aisée, éduquée, bien-pensante... L'oligarchie en marche ! C'est le retour du cens, pour une République qui n'en a plus beaucoup, de sens. La ploutocratie au pas de course !

Entendons-nous bien, c'est par facilité de langage et pour la clarté de mon propos que j'emploie les termes *peuple* et *élite*. Le seul motif dans mon analyse, qui les distingue c'est le rapport que chacune des deux catégories entretient avec le pouvoir (politique, culturel, économique, médiatique). D'un côté, l'élite qui détient le pouvoir et/ou maitrise les codes pour y accéder, alors qu'en situation exactement opposée sur l'échiquier, le peuple en est éloigné et ignore tout des clefs pour l'atteindre. Pour le reste, ceux de l'élite comme ceux du peuple sont, à mes yeux, sur un même pied d'égalité enfants de France. Cette précision me parait utile, notamment par rapport à un discours, souvent tenu à gauche, qui limite l'appartenance au peuple, à seuls ceux qui seraient en dessous d'un certain seuil de revenu.

Ce que je dénonce, c'est non que l'élite soit l'élite, ni même qu'elle affiche les signes extérieurs que sa position dominante lui confère. Quand bien même serait-elle brillante – ce qu'elle n'est plus, au moins en ce qui concerne la classe politique, désormais assez médiocre – que je ne l'en blâmerai pas non plus. C'est après tout le moins qu'on puisse exiger d'elle. Non, ce que je lui reproche, c'est de se complaire dans l'entre-soi et de se satisfaire de la mise à l'écart du peuple. C'est non d'être au-dessus, mais à part, et ce faisant, d'être plus sûrement une caste qu'une élite.

La démocratie dépouillée

Non contente d'avoir foulé au pied les droits fondamentaux de l'électeur qui s'était exprimé lors des élections municipales de 2014, la loi NOTRe poursuivit dans le même élan. Question d'habitude, qui vole un citoyen, vole le peuple souverain. Après avoir autoritairement renvoyé dans leur foyer durant l'exercice de leur mandat des élus pleinement légitimes, redessiné dans le même temps les limites de ce qui était le territoire d'élection initialement défini, la loi NOTRe décida de s'attaquer à la capacité (au sens juridique du terme) des communes à exercer leur fonction.

Dépouillées de leurs compétences en un tournemain par le seul fait de la loi, ou plus subtilement par l'incitation que celle-ci adresse aux intercommunalités de les accaparer, les communes se retrouvèrent coquille vide. Exit la possibilité pour les maires d'agir sur le développement économique, la maitrise du foncier et de l'urbanisme, la politique au service de la petite enfance, l'assainissement et la gestion des eaux usées, l'entretien de la voirie…

On avait voté pour des élus à qui on avait confié un mandat correspondant à des compétences, sur lesquelles d'ailleurs ils avaient bâti un programme et fait campagne, et voilà que non seulement les élus n'étaient plus les mêmes, mais pour ceux qui restaient en responsabilité, leur domaine d'action s'était réduit comme peau de chagrin.

Privés du principal de l'action, les conseils municipaux se trouvent peu à peu vidés de leur substance. Le processus en cours de leur recomposition/décomposition en est le témoin. Dans les communes rurales, au sein des assemblées délibérantes, il y a encore des élus, artisans, maçons ou menuisiers, techniciens des eaux, chefs d'équipe ou employés des travaux publics, agriculteurs, assistantes maternelles... Pour combien de temps ? À quoi bon motiver et mobiliser ces bonnes volontés, désormais privées de capacité d'agir, qui mettent leur connaissance éprouvée du territoire et leur bon sens pratique au service du bien commun ? L'implication de ces « petites mains » est l'incarnation de ce que la démocratie locale produit de meilleur : de simples citoyens promus à une fonction d'élus par leur engagement de proximité, leur souci de la gestion des biens et des choses du local. Un exemple pour les autres, un apprentissage, notamment pour les plus jeunes qui dans les cercles de famille, du voisinage ou des relations, côtoient ces élus du quotidien et peuvent mieux comprendre le sens du mot servir. C'est à ce titre que la commune est souvent qualifiée de premier échelon de la démocratie.

La ligne de fuite est sans surprise, le rôle des communes sera peu à peu réduit à la tenue de l'État Civil, des listes électorales, la gestion des conflits de voisinage, l'organisation de manifestations et de distractions. Demain, seuls des GO (Gentils Organisateurs) que deviennent peu à peu les conseillers municipaux seront nécessaires pour animer le club des GM (Gentils Membres) que sont en train de devenir les citoyens de la commune. Aux bâtisseurs succèdent les animateurs. *Panem et circenses* ! Le citoyen *homo festivus*[1] sera satisfait, amusé à n'en plus finir, abusé à loisir.

---

1. Néologisme créé par Philippe Muray qui décrit « l'homme occidental arrivé à un stade de son histoire où il pense principalement à faire la fête et se divertir »

Ceux-là même qui ont contribué à la démonétisation de la commune, dénonceront demain sa vacuité et réclameront qu'on la dissolve. Ils pointeront du doigt cette structure décidément bien coûteuse, inutile et archaïque. Militeront pour l'élection directe des conseillers communautaires par les citoyens. Logique, puisque les compétences sont désormais exercées à l'échelon intercommunal. Le temps sera alors venu de congédier les conseillers municipaux. Le scénario est écrit. C'est pourtant celui d'un mauvais film, car le territoire des attaches, des affections, des sentiments, des fidélités, reste pour les ruraux celui de la commune. Il y a chez le législateur, au nom d'une efficacité sans âme, qui sape les fondements même de notre pacte républicain et démocratique, cette obsession à vouloir extirper l'Homme de son territoire, dissocier le temps des Hommes de l'espace des Hommes, disjoindre la Géographie de l'Histoire.

La démocratie fauchée

Pour en finir définitivement avec la loi NOTRE, qui soyons honnêtes ne saurait à elle seule concentrer tous les péchés du monde. Elle n'est pas un accident législatif, une erreur d'aiguillage sur laquelle par mégarde se serait engouffré le législateur. Elle est en vérité l'expression, portée presqu'à la caricature, de l'état d'esprit profond qui traverse la classe politique et la technostructure, celui de la négation du territoire en tant qu'incarnation d'un fait humain, économique, démographique, social…

Pour épuiser le sujet donc, commençons par rappeler un principe élémentaire : la libre administration d'une collectivité, quelle qu'elle soit, n'est possible qu'à la mesure des moyens propres dont elle dispose. L'autonomie financière est la condition nécessaire au bon exercice de la démocratie locale : des élus démocratiquement désignés, mis aux responsabilités et qui engagent, à partir d'un programme validé par l'électeur, des actions dont le financement est assuré.

Depuis quelques années, et ce bien avant la loi NOTRe, le mouvement de mise sous tutelle financière des communes s'est amplifié. Dans ce domaine, la fiscalité locale fut, au service de l'État, un instrument privilégié pour poursuivre le dessein d'une recentralisation qu'il appelle de ses vœux. C'est avec Sarkozy et la taxe professionnelle que cela a commencé. *L'impôt le plus bête du monde*, selon la célèbre formule de Giscard qui, sur ce coup-là, n'avait pas tout à fait tort. Basé principalement sur la valeur locative des actifs, l'impôt avait, dans les faits, pour tare majeure de dissuader l'investissement et par conséquent de freiner la compétitivité. Il s'avérait très handicapant pour les entreprises industrielles et de production, qui dans le grand jeu de la concurrence européenne et mondiale se trouvaient entravées de fers aux pieds.

Une autre critique faite au système portait sur sa localisation. L'impôt était levé à l'échelon communal et c'est au niveau des conseils municipaux qu'étaient votés les taux. Par conséquent, deux entreprises identiques, implantées dans deux communes différentes pouvaient se retrouver avec une cotisation variant du simple au double, voire au triple ou au quadruple (sans même évoquer les différences dues aux bases fiscales, dont l'estimation d'un territoire à l'autre se révélait souvent sans fondement). Là aussi les règles de la compétition s'en trouvaient faussées.

À l'évidence, une réforme s'imposait. Pour faire simple, sans être réducteur dans ce domaine complexe, on peut dire qu'elle fut guidée par une philosophie principale, celle de nationaliser l'impôt. On priva les communes du pouvoir de lever l'impôt et, dans les faits, on coupa le lien entre la contribution des acteurs économiques et leur implantation dans un territoire donné. Ainsi la participation payée par les entreprises serait désormais uniformisée et l'essentiel du produit des taxes remonterait au niveau national. Quant au manque à gagner pour les collectivités, privées d'une ressource essentielle à leur équilibre budgétaire, il serait compensé par l'État.

Notons que le calcul de la compensation s'appuie sur une référence à un instant donné. Par conséquent, le dédommagement s'effectue par rapport à un historique mais ne tient compte en rien de la dynamique économique propre à chaque commune. C'est une indexation générale qui vient réévaluer chaque année le montant de la dotation reversée par le national au local.

La dépossession des communes de leur compétence économique au profit des intercommunalités, suite à la loi NOTRe, ne changea pas fondamentalement l'esprit de ces nouvelles dispositions. L'accaparement par l'État de la fiscalité des entreprises était acté.

Le système mis en place invite à quelques constats. L'État a pris la main. C'est lui le maître du jeu. Aujourd'hui, il décide d'indemniser, de compenser la perte de ressources des communes. Demain, libre à lui de ne plus le faire que partiellement voire plus du tout. La dépendance des collectivités est totale. Dans ces conditions quelle motivation reste-t-il à l'élu local pour engager une politique ouverte à l'accueil d'entreprises ? Soyons réalistes, la perspective de ressources budgétaires supplémentaires (permettant de financer les projets de la commune) de taxes professionnelles avait un caractère incitatif évident. Mais désormais, dans un système où le nivellement devient la règle, le territoire dynamique comme celui apathique étant traités à la même enseigne, pourquoi voulez-vous donc que les élus se mobilisent ? Pourquoi diable s'entêteraient-ils à créer des zones d'activités, dont l'impact sur le paysage et l'esthétique du lieu d'une façon générale est mal perçu, à accueillir des entreprises et favoriser la création d'emplois ?

Faut-il regretter la taxe professionnelle d'antan ? Assurément non, le dispositif présentait le double inconvénient d'être inique et inefficace. Reconnaissons cependant que dans son ardeur à réformer, le pouvoir central s'est une fois de plus laissé aller à son penchant naturel. Renforcer sa mainmise sur les ressources ancrées dans les territoires. Saper la capacité à agir du pouvoir local.

Penchant naturel pour penchant naturel, je laisse libre cours au mien. Sur cette pente facile, je m'interroge. Et si finalement la transformation de la fiscalité locale des entreprises n'obéissait qu'au seul objectif de conforter le bon plaisir des classes dominantes, urbaines et technocratiques ? Pas trop d'activités, ni d'entreprises, ni d'emplois à la campagne ; rien ne doit troubler la quiétude des bons maîtres dans leur jardin d'agrément qu'est devenu le rural français. Ils ont tout salopé chez eux, ils aspirent à la verdure chez nous. Décidemment ils ne savent rien des ruraux, de leur sagesse antique à préserver leur terre tout en tirant le meilleur d'elle-même.

Après Sarkozy, Macron nous joua la même entourloupe avec la suppression de la taxe d'habitation. Le raisonnement est identique. S'y ajoute, au début du processus, un manque évident de courage de l'État. La taxe d'habitation, à raison, est jugée injuste. Le calcul des bases fiscales sur lesquelles s'appuie le taux échappe à toute logique. Il en ressort une réelle inégalité du contribuable devant l'impôt. L'État conscient de la situation avait promis une remise à plat des bases. Sur ce sujet explosif, convenons-en, car touchant directement au portefeuille, jamais le travail ne fut engagé. Belle illustration, une fois de plus, de l'État démissionnaire. Quand on fuit ses responsabilités, la surenchère est souvent la seule échappatoire. C'est la porte dérobée qu'emprunta Emmanuel Macron en décidant de mettre fin à la taxe d'habitation.

Du côté des individus, la mesure fut saluée. Pensez-donc une contribution de moins ! Cependant à y regarder de près, ce que l'habitant y gagna pour son porte-monnaie, le citoyen, animal politique impliqué dans la marche de la Cité, contributeur de la vie locale, ne le perdit-il pas ? Cette fâcheuse tendance du gérant de *la start-up nation* à considérer le citoyen français comme un client. En bon gestionnaire de sa grande surface, soucieux de préserver l'attractivité de son magasin auprès de l'individu-électeur, Macron rase gratis à grands coups de promos. La France en solde, le Pays au rabais !

Vis-à-vis des collectivités locales, privées une nouvelle fois d'une ressource qui leur était propre, on ressortit la bonne vieille recette de la compensation. « Rassurez-vous, Mesdames et Messieurs les maires, l'État n'abandonne pas ses enfants les plus méritants ! La perte sera corrigée à l'euro près. » Aujourd'hui d'accord, mais demain ? Lorsque post Covid il faudra rembourser le *quoi qu'il en coûte*. Et comment, dans ce système aveugle aux particularités locales, qui se contente de remplir sans discernement la sébile tendue par les collectivités, distinguer le maire, qui pour accueillir une population croissante investira dans des équipements collectifs, sociaux, sportifs, culturels... de celui qui ne fait rien ?

Une fois de plus l'infantilisation des élus locaux, le biberonnage des communes. Une tutelle qui ne dit pas son nom.

La mort du marquis de Belloir

J'avais mal lu l'annonce dans la rubrique obsèques de *Ouest-France*. C'est très en avance, au bout d'une petite centaine de kilomètres, que j'arrivai à *Belloir commune de Sabeldom*. L'inscription sur le panneau à l'entrée du bourg me surprit. Ayant près de trois quarts d'heure à tuer, j'entrai *chez Marco*, le café sur la place.

Vue du bar, l'église en imposait. Elle exhibait un néo-gothique douteux. Nous étions bien dans l'Ouest, marqué par le renouveau catholique du XIXe siècle. Ici, les paroisses, riches de leurs fidèles et de leurs dons, avaient cru bon de raser le roman vieillot et crasseux. Toujours cette haine tenace du Moyen Age. Un porche en ogive, un clocher en aiguille qui se pousse du col et beaucoup de clochetons. C'est bien la prétention plus que la majesté qui dominait. La grandeur de l'édifice était sûrement sans commune mesure avec le niveau de la pratique religieuse aujourd'hui.

Au bout du comptoir, le pilier de service lança : « Elle est belle notre église ! Mais bientôt couic, tas de pierre ! » fit-il avec l'ongle du pouce appuyé sur sa gorge. Dans une commune non loin d'ici, m'expliqua le patron, le conseil municipal avait voté la destruction d'une église du même type. Cent cinquante ans à peine après sa construction le bâtiment menaçait ruine, la structure même était fragilisée. Rien d'étonnant, le XIXème a tout mis dans le clinquant et fait l'impasse sur le permanent. Il y avait bien une pétition, imprimée par quelques cathos, qui circulait mollement. « Au nom de la préservation du patrimoine » bien sûr et non pour sauver la Maison de Dieu. Mais les élus avaient tranché : trop lourde la restauration, trop clairsemés les paroissiens. Et puis il y avait l'entretien et l'extension du terrain de foot, du court de tennis et du tatami. Quelques bataillons d'électeurs à chouchouter en somme. La messe était dite.

En veine avec Marco je poursuivis la conversation. *Belloir commune de Sabeldom*? J'avais besoin d'un décryptage. Il y a deux ans à la faveur de la loi NOTRe qui encourageait, carotte financière à la clef, le regroupement des communes, Belloir et Saint-Domnin-en-Mauges avaient fusionné. Les faits obligeaient à dire que le dernier avait absorbé le premier. Depuis toujours à Saint Domnin, on rêvait de mettre au pas les dissidents de Belloir. Il faut dire qu'au premier regard posé sur une carte, l'évidence apparaissait. Petit confetti de 432 hectares et de 357 habitants, Belloir était enserré (expression qui avait cours de ce côté-ci) dans le grand Saint Domnin, ses 6 722 hectares et ses 12 757 domninois.es (on usait volontiers de ce côté-là de l'écriture inclusive). Seul le ruisseau du Bouvron et son étroite coulée offrait à Belloir une échappatoire.

Oui mais voilà, quelques lignes sur le papier glacé d'une carte IGN ne disent rien des hommes et de leurs traits, de leur histoire et de leur géographie au fond. Ici, dans ce pays d'étangs, entre chasse et pêche, on avait le goût inassouvi du large. Notre infortuné voisin appuyé sur le zinc en avait sillonné des ciels, vissé sur son tabouret défriché des forêts vierges.

Une consultation citoyenne avait été organisée. Il fallait bien trouver un nom à la commune nouvelle. Le scrutin ne fit pas recette. Du côté de Belloir, on avait l'amertume au cœur. Comme un baroud d'honneur, Monsieur le Maire (devenu dès la fusion, le premier adjoint de la nouvelle grande commune; Il a démissionné depuis) organisa un dernier banquet. Ripaille, cochonnailles… On y rit, on y pleura. À Saint Domnin, peu se déplacèrent. Seul Monsieur le Maire, pathétique, avait l'air d'y croire. Il tint tribune « pour une participation enthousiaste de toutes et tous ! » Sur la place de Belloir, ici même, il raconta sans talent la fable fadasse de Belloir, la pépite aux mille brillants, sertie dans Saint Domnin, l'écrin aux mille merveilles. Notre compagnon de comptoir éructa : « un diamant dans une boîte de conserve, jamais ! »

— Tout doux mon Culo (Hercule à l'état civil) fit Marco, qui lui servit un blanc : « ce sera le dernier pour aujourd'hui. »

Du vote, un nom émergea : Sabeldom ; contraction et croisement de Saint-Domnin-en-Mauges et de Belloir. Le nouveau maire trouva l'idée lumineuse. Rendez-vous compte répétait-il à loisir : « le nom lui-même dit la configuration des lieux, Belloir enchâssé dans Saint Domnin. C'est génial ! »

Le cabinet spécialisé en marketing territorial, recruté à prix d'or pour accompagner *le processus de renomination* confirmait : « Sabeldom, c'est tendance à l'oreille. On y trouve quelque chose de la jeunesse. Une façon d'établir un pont entre les générations, être en proximité avec les *millenials*[1] tout en rassurant les *boomers*. Un excellent vecteur pour booster le coefficient de séductibilité de la destination. Essentiel, dans un contexte concurrentiel grandissant sur le marché de l'attractivité des territoires. » Pour faire bonne mesure, les consultants avaient repensé la charte graphique, dessiné un logo. « Beaucoup de vert, Monsieur le Maire, c'est incontournable pour signifier l'aspiration à l'écologie portée par la conscience citoyenne. Un fin filet bleu aussi, pour figurer le Bouvron, important politiquement. Le tout en ellipse, juste esquissé, ton pastel, surtout rien de saillant. »

1. Millenials, boomers, générations, X, Y ou Z… il s'agit de segments de marché, correspondants à différentes classes d'âge au sein d'une même population, théorisés, identifiés et analysés par des spécialistes et consultants en marketing.

Du côté de Belloir, on ne partageait pas l'emballement du premier édile. De quelques bulletins dans une urne était sorti un acronyme abscons. Rayée, la géographie, l'appartenance à la vieille terre des Mauges. Gommée, l'histoire, la canonisation de Domnin. Cette vanité de l'homme contemporain à vouloir n'être issu d'aucun héritage. De tout ça les marketeux n'avaient rien à faire. Ils étaient loin désormais. L'essentiel était sauf, ils avaient empoché 50 000 €, de quoi saloper en caca d'oie dans d'autres lieux, le riche armorial des provinces et pays de France.

À Belloir la réfractaire, on eut tôt fait de tourner en dérision le nom de la grande commune. Le maire avait une compagne, rousse incendiaire, ancienne secrétaire, puis maitresse, désormais première dame. Il était de notoriété publique qu'elle portait la culotte. À Sabeldom, sa belle domine ! Au lit, tout le monde l'imaginait prendre la direction des opérations. Sabeldom cul par-dessus tête ! Quitte à inverser les choses allons-y : Belsadom ! C'était une façon de redonner la primeur à Belloir, de lui restituer ses lettres de noblesse. Notre Hercule Poivrot entonna un tonitruant :

« Ma belle Sado
Rêve de sodo
Ma Mélusine
D'un bon coup d'p…

— Hop, hop on se calme Culo ! Fini, le blanc. On va gentiment rentrer à la maison. »

C'est vrai qu'il l'aurait bien retournée, mon Culo, la rouquine. Elle avait du chien la garce.

Sur la place, des groupes s'étaient formés. Le corbillard arriva. Je me faufilai sous le porche. Il n'y avait déjà plus de place dans l'église. Je pris l'escalier qui monte au clocher. Je m'arrêtai au niveau de la tribune. De simples bancs sans dossiers avaient été installés. Je dominais l'assemblée.

Le chœur était éclairé de cinq vitraux. Celui au centre représentait Saint Pierre. Sur l'un des deux à droite était retracé le martyr de Domnin. Enfant romain originaire d'Anatolie, il était arrivé en Gaule au IIIe siècle avec les légions romaines. Converti, évangélisateur, sa décapitation à l'âge de dix ans fut ordonnée par Rictiovarus, vicaire de Gaule. En bas à droite, on devinait un cartouche, daté 1887 et armorié, de gueules à la fasce d'or chargée de deux étoiles à cinq rais d'azur. Il rappelait le don de la famille de Belloir.

Le marquis Pierre Foulques Joseph Marie Guiet de Belloir mourut à l'âge de cent ans. Percuté au volant de sa voiture par un chauffard qui lui coupa la route.

Puis-je dire que nous nous connaissions bien ? Je ne sais. En tout cas, nous nous appréciions. Le cheval nous avait rapprochés. Nous nous croisions lors de concours de saut d'obstacles ou bien de concours complets : « la discipline reine Olivier ! » Nous nous vouvoyions. Il me faisait l'honneur de m'appeler par mon prénom. Je lui rendais du « Monsieur ». Rien de distant ni d'impersonnel, un « Monsieur » rempli d'amitié respectueuse.

Il y avait chez le marquis de Belloir quelque chose du baron de Ferté-Talloire, personnage admirablement mis en scène par Jean Pierre Melville dans *L'armée des ombres*[1]. S'il n'avait été si jeune, comme lui, il aurait fait le coup de poing le 6 février 1934, Camelot du Roi, contre le parlementarisme, *à bas la Gueuse* ! Dès 1940, il fut résistant. Quand on a à peine vingt ans, quelle aventure ! Il avalait les kilomètres, les messages glissés dans le creux

1. *L'armée des ombres* : film de Jean Pierre Melville sorti en 1969 et adapté du roman du même nom de Joseph Kessel.

du cadre de sa bicyclette. Puis les coups gagnèrent en audace. La profondeur des bois du château de Belloir autorisait toutes les caches. Idéal pour des arsenaux clandestins. Les gardes-chasse et les piqueux, « à votre service Monsieur Pierre », constituaient des relais sûrs, points d'appui d'un réseau aux nombreuses ramifications dans le canton. Il y avait aussi ce réduit astucieusement creusé sous la bonde de l'étang de Pilorge. On y planquait des agents anglais, qu'on exfiltrait la nuit venue. Resté fidèle au Maréchal, le père, Croix de Guerre 14-18, n'ignorait rien des activités du fils.

Comme d'autres Belloir avant lui, Pierre de Belloir avait été maire de Belloir. En réalité, il était la parfaite figure du hobereau, si caractéristique de la France rurale de l'Ouest de la seconde moitié du XIXe siècle jusqu'à la première moitié du XXe. Très affecté par la mort de sa femme un an plus tôt, il ne s'était pas représenté lors des élections municipales de 1983. Aucun de ses cinq enfants n'avait repris le flambeau. Ainsi s'achevait la lignée familiale commencée en 1884 et qui n'avait pas connue d'interruption.

Ses enfants et petits-enfants s'étaient bien mariés, ils avaient réussi, à Paris ou dans des carrières à l'international. La plupart revenaient à Belloir, une semaine par-ci, un week-end par-là, l'été ou à Noël. Ils restaient attachés au lieu, mais en vérité n'étaient plus fidèles à son esprit. Ils étaient de passage pour les *vacances*. Le marquis ne connaissait pas ce mot ou plus exactement n'en avait-il qu'une définition singulière. La vacance : le vide, la désertion. Aussi, quant à l'annonce de leur arrivée, ses petits-enfants ou arrière-petits-enfants l'informaient « nous serons présents pour quelques jours de vacance(s) Bon Papa » il ne parvenait pas à résoudre cette contradiction.

Confronté à une paperasserie galopante, des démarches en ligne devenues incontournables, une fiscalité qui gagne en prédation, une réglementation de l'usage des sols kafkaïenne… Pierre de Belloir avait, depuis quelques temps, confié à deux de ses enfants la gestion du domaine. Citadins, brillants, loins du terrain et de son quotidien, les deux fondés de pouvoir administraient. Ils défendaient des intérêts. Ils avaient jugé nécessaire d'adhérer au syndicat des propriétaires ruraux. Toujours attentif, mais désormais retiré, le marquis laissait faire, même s'il ne voyait pas les choses sous cet angle. Pour lui, la propriété était dans l'ordre naturel des choses. Il n'y avait pas lieu de la défendre pour peu qu'elle soit incarnée. Cultiver sa distinction, se revendiquer d'une tradition, était une chose, encore fallait-il ne pas se complaire dans la sécession, avoir le goût des autres, de ceux du pays…

C'est art d'être au monde, dont Pierre de Belloir était l'une des plus belles figures, n'a plus cours, il s'est éteint avec lui. Héritière d'une longue tradition qui puise ses racines dans la chevalerie, la petite aristocratie de province a renoncé, en l'espace de deux générations, à ce qui faisait sa singularité. Elle a déserté les lieux qui assuraient son ancrage. Elle a jeté à la rivière la parure, confectionnée au fil d'or des siècles, qui faisait son étoffe. La voilà désormais vêtue de la défroque de la bourgeoisie. Hier, rurale, terrienne, estimée, soucieuse du bien commun, elle est aujourd'hui urbaine, sans frontiérisée, anonyme, corporatiste.

Grand, toujours impeccablement mis, le marquis portait beau. Veste, gilet, cravate, il arpentait d'un pas alerte les allées des manifestations hippiques. Son chapeau, feutre l'hiver, l'été panama, le distinguait entre tous. Était-il anachronique ? Peut-être, mais moins parce qu'il n'était pas de son temps que parce qu'il incarnait la permanence.

Lors des vacances scolaires, souvent, un de ses arrière-petits-fils, Augustin, l'accompagnait. On sentait entre eux une profonde complicité. Il fallait les voir, après être passés par le paddock, pour le simple plaisir d'admirer les chevaux, s'enfoncer dans le sous-bois pour suivre le cross ! À l'approche de chaque difficulté du parcours, le marquis se découvrait, saluant le commissaire à l'obstacle avec la déférence due à ses fonctions. Il s'informait des précédents concurrents et attendait le prochain passage. À mi-voix, il expliquait à l'oreille d'Augustin la configuration des lieux, évaluait la difficulté à surmonter et dévoilait ce que le chef de piste, en plaçant l'obstacle ainsi, entendait solliciter des qualités du cheval et de son cavalier. Le bruit du galop approchant, le silence se faisait. La course, le saut et la réception étaient observés avec admiration et expertise. Puis l'échange reprenait. Le marquis, à l'aide de sa canne, pointant ici et là, illustrait la foulée un peu longue qui avait fait l'appel trop près de la barre. Les antérieurs avaient tutoyé le bois. Le cavalier n'avait dû son salut qu'à un effort supplémentaire qu'il avait arraché à sa monture. « Ils devront s'économiser s'ils veulent finir le parcours ».

Dans les concours amateurs ruraux, il était encore, il y a peu, invité à siéger à la table du jury. Il s'embarrassait peu du système d'évaluation officiel, ensemble de prescriptions et de notes techniques. Il jugeait la tenue, appréciait l'élégance. Il n'était pas rare, lors de l'épreuve de dressage, lorsqu'une note trop sévère à son goût sanctionnait un concurrent, de l'entendre dire : « Je sollicite votre indulgence, Madame Le Président. Quelle allure cette cavalière, quelle allure ! ».

Il avait foi en la jeunesse. Le temps d'une vie d'homme, il avait vu le monde du cheval se transformer, se démocratiser diront certains, se vulgariser pesteront d'autres. Les cavaliers, tatoués, piercés… n'étaient pas rares désormais. Il n'en disait rien. Seul comptait pour lui l'enthousiasme que porte en elle la jeunesse. Il croyait aux mots, ceux qui relèvent, qui portent, qui remercient. Il croyait à leur cheminement lent, incoercible, dans le cœur des jeunes gens. Lors de la dernière *fête du cheval de Bois Plaisant* il avait, parmi d'autres officiels, remis flots et plaques aux vainqueurs des épreuves. Je garde en mémoire son mot, bienveillant et sans concession, à l'adresse d'une concurrente, tête d'épingle sur la langue, anneau dans le nez : « vous avez un maintien admirable sur votre alezan, Mademoiselle. C'est un spectacle qui vaut tous vos bijoux. Je vous félicite ! »

En fin de journée, c'était un rituel, il rassemblait à la buvette le petit monde des organisateurs et bénévoles. Il levait son verre « à cette édition remarquable ! » et souhaitait bonne fortune à la prochaine. Chacun pouvait alors trinquer et refaire les exploits du concours.

À l'intérieur de l'église, tout Belloir était là, et au-delà même. Il n'y avait pas de tristesse. C'est plutôt un sentiment où se mêlaient gravité et sidération qui dominait. Aucun membre dans l'assistance n'avait connu Belloir sans le défunt. La mort du marquis ne changerait rien à la vie quotidienne de chacun et pourtant personne ne pouvait imaginer la sienne sans lui. Et puis il était aimé, sans être familier. Respecté, sans être craint.

Pierre de Belloir avait tout préparé… au cas où. Il y eut, sans excès, du latin dans des prières et des chants, tout simplement parce que c'était son temps. Ses enfants et petits-enfants regrettaient qu'il n'y en eût plus, parce que c'était leur monde, leur chapelle, leur isolement. Ils étaient ancrés dans la religion, comme on relâche dans une crique, à l'abri de l'orage. Ils ne goûtaient plus à l'ivresse de la Communion qui invite au partage, envoie en mission, appelle au grand large.

Le curé n'était pas d'ici, il avait sur insistance de la famille été dépêché de Cholet. Il fit un sermon convenu, impersonnel. L'accabler eut été trop facile. En ces temps de disette ecclésiastique, il fallait se satisfaire d'avoir un prêtre, fut-il médiocre. La crise des vocations a converti les évêques en gestionnaire de la pénurie. Ils ont fait le choix, rationnel, de concentrer le peu de troupes qui reste dans leur diocèse sur les points stratégiques, les villes. Aucune position forte en milieu rural ne peut désormais être tenue.

On nous servit le catalogue des poncifs : « Pierre de Belloir nous manquera », *la résurrection des morts et la vie du monde à venir*, l'Espérance et son train. Tu parles, Charles ! Tout ça sonnait creux. C'est à la beauté du monde que le marquis de Belloir manquera. Nous n'enterrions pas ce jour-là un commun parmi les mortels, mais un géant. En vérité, le dernier représentant d'une espèce aujourd'hui disparue, comme tant d'autres. Combien d'espèces d'homme sont mortes en France ces cent dernières années ? Terrassées, non comme dans une évolution à la Darwin, par une incapacité à s'adapter aux changements physiques de leur environnement, mais bien décimées par la grande faucheuse qui traine derrière elle, comme un effet de souffle, le fléau de l'uniformité. Aux côtés du marquis de Belloir, on pourrait évoquer sans fin, la lente extinction des dernières communautés protestantes cévenoles, ou la disparition des figures du communisme rural dans le Bourbonnais, ou encore l'agonie des familles dissidentes, adeptes de la *Petite Église*[1], entre bocage bressuirais et Gâtine…

1. La Petite Église : Entre Vendée et Deux sèvres quelques paroisses refusèrent le Concordat de 1801 et entrèrent en dissidence d'avec l'Église catholique romaine.

À la sortie de la messe, les membres de la famille, en rang d'oignons, recevaient les condoléances. Ils n'étaient plus d'ici, ça sautait aux yeux. Certes, ils avaient dans leur cercle restreint conservé les liens solides d'amour et de tradition qui attachent, mais ne savaient plus rien des fils qui tissent la maille intime des communautés rurales. Chacun, enfants et petits-enfants d'un côté, habitants de Belloir et des environs de l'autre, s'exécutait dans un ballet de poignées de mains sans âme et de mots sans chaleur.

Comme je regagnai ma voiture pour reprendre la route vers Moutiers, je croisai Augustin, les yeux lourds de larmes. Je mis la main sur sa nuque, beaucoup de choses passèrent dans nos regards embués. Ma voix resta prisonnière de mon chagrin. J'aurais tant voulu lui dire combien son Grand-Père était passeur de sens. Lui dire aussi de garder au plus profond de son coeur, comme un trésor englouti qu'on chérit, ce monde qui était le sien puisque désormais il n'est plus à personne.

Hippocrate n'habite pas à la campagne

Les brumes de mes rêveries étaient dissipées depuis bien longtemps. La saveur de la garbure béarnaise était loin. C'est le goût amer des combats toujours perdus que me laissait au fond de la gorge ma brève incursion, imaginaire, dans les jardins de l'Élysée le jour de la fête nationale.

Pablo trouve que j'en fais trop contre Macron. J'essaye simplement de lui démontrer que la profession médicale a trouvé dans notre président le défenseur intransigeant de son pré carré, le théoricien zélé du concept très macronien du *médecin en même temps* : en même temps libéral, en même temps fonctionnaire. Sur ce coup, Pablo me juge de mauvaise foi. Toute la classe politique selon lui a déserté le combat du médical en milieu rural. Il n'a pas tort.

La droite, calculatrice comme trop souvent, bercée par l'illusion que les gros bataillons de médecins votent encore pour elle, alors qu'ils ont désormais hissé pavillon sur les rives de la Macronie, ne veut en rien froisser ce qu'elle croit être encore sa clientèle. En conséquence, le statu quo est sa seule ligne de conduite : surtout ne pas obliger, continuer à brosser l'électorat dans le sens du poil.

Quant à la gauche, feuille morte emportée au gré du vent social-libéral, elle n'a depuis longtemps plus de parole sur le sujet. Elle, dont la nature même était d'imposer la contrainte pour mieux satisfaire l'intérêt général, n'a plus aucune crédibilité depuis qu'elle a renoncé à cet exercice.

De son côté, le Rassemblement National, à la pêche aux voix, exprime une autre version du « en même temps ». Il s'agit de cajoler les médecins et de ne pas désespérer les ruraux. Fidèle à sa stratégie, le RN, dans cet exercice de grand écart, occupe l'espace médiatique, audible de tout le monde, compréhensible pour personne.

Les raisons à l'origine de la désertification médicale sont nombreuses. Je les évoque ici, sans les développer beaucoup, je n'écris pas une thèse sur le sujet.

On peut citer notamment des formations qui orientent les jeunes étudiants vers les pratiques spécialisées au détriment de la médecine générale. Et pour ceux, moins nombreux, encore attirés par cette dernière, rien dans leur apprentissage ne les prédispose à l'autonomie. Nombreux sont les médecins de campagne de « la vieille école » qui me décrivent leurs jeunes collègues comme « hospitalo-dépendants » et donc inéluctablement guidés vers la ville ou sa périphérie. J'ai pour ma part la chance extraordinaire d'avoir à Moutiers-les-Fidèles un médecin de famille épatant, « ancienne formule », proche de la retraite, qu'adviendra-t-il lors de sa cessation d'activité ? Toute la commune est inquiète. Il sait notamment recoudre par point de suture, j'ai eu à plusieurs reprises pour mes enfants et pour moi-même à en faire l'expérience. Combien de jeunes généralistes maitrisent aujourd'hui cette pratique ? Très peu semble-t-il. Par conséquent, le patient ayant besoin d'une intervention de cette nature devra être dirigé vers les urgences de l'hôpital le plus proche.

La féminisation de la profession médicale est aussi invoquée pour expliquer le manque de médecins dans nos campagnes. Sur ce sujet, je démine tout de suite la polémique qui émerge déjà, propre à l'air de notre temps, du « c'était mieux avant quand les médecins étaient des hommes ». Femme ou homme peu m'importe et je n'ai aucune intention d'ouvrir un procès en incompétence des femmes dans le domaine de la médecine. Rien ne le justifierait d'ailleurs. Seule m'intéresse une médecine de qualité maillant nos territoires.

La part croissante des femmes parmi les médecins généralistes vient modifier la façon d'exercer la profession. Plus soucieuses que leurs prédécesseurs et que leurs collègues masculins, d'équilibre entre vie professionnelle, personnelle et familiale, les femmes imposent à leur patientèle un rythme de travail répondant à cette exigence personnelle. La médecine y reste administrée avec un professionnalisme remarquable mais s'en trouve peut-être rendue avec moins de disponibilité. Ces nouvelles pratiques trouvent difficilement leur place auprès d'une population rurale encore marquée par la figure séculaire du médecin de campagne, corvéable à merci, qui hiver comme été courait routes, hameaux et villages au secours du nourrisson ou du vieillard.

D'autres aspects pourraient être mentionnés, notamment ceux relatifs au numérus clausus. Contrairement à une idée reçue, il semble, au regard du seul critère du nombre, plutôt bien étalonné. Cependant, il mériterait d'être adapté à l'évolution que nous venons d'évoquer concernant les pratiques induites par l'accès massif des femmes à la profession. Il serait aussi nécessaire de prendre en compte le fait que certaines jeunes femmes, à l'issue de leurs études, font le choix de ne pas s'installer tout de suite, privilégiant la fondation d'une famille.

Je ne m'étends pas sur ces sujets techniques, pas plus que je ne m'aventure sur le champ miné du conservatisme des syndicats de médecins, ni plus encore sur le terrain glissant de ceux qui, devinant le complot, assurent que peu, voire pas de médecin en campagne, ça arrange beaucoup de monde. Moins de médecins, c'est moins de prescriptions et donc moins de déficit de la sécurité sociale…

On pourrait disserter à l'infini de ces questions. Mais l'important n'est pas là. L'essentiel, qu'il faut dénoncer, c'est bien la démission inique de l'État. La sous-médicalisation du rural français est un scandale national que rien ne justifie, sur un plan moral comme technique. Du point de vue de l'éthique, c'est notre devise républicaine qui est mise à mal. Il y a incontestablement une rupture d'égalité. Une fois de plus, la gestion que nous faisons de notre espace rural ébranle les fondements même de notre pacte républicain. Comment admettre qu'un pays évolué, démocratique, inscrit au niveau mondial au rang des puissances supérieures, pratique envers un nombre important de ses habitants une discrimination, au seul motif de leur origine géographique ?

À y regarder de près, on peut s'interroger légitimement sur la volonté de l'État de réunir les conditions nécessaires au respect du serment d'Hippocrate : *Je respecterai toutes les personnes, leur autonomie et leur volonté, sans aucune discrimination selon leur état ou leurs convictions.* Dans les faits, *discrimination selon leur état (ruraux ou non)*, il y a bien. Selon certains la cause pourrait même être plaidée et il y aurait matière à assigner, ensemble représentants de la profession médicale et de l'État, pour manquement à leurs obligations.

Réunis sur le banc des accusés, ils auraient beau jeu de démontrer que « l'état » mentionné dans le serment d'Hippocrate fait référence à l'état de santé des personnes et non à leur situation ou caractère, rural ou non. Jamais à cours d'effets de manche leurs avocats proclameraint : « Monsieur le Président, voyez-vous, pour nos clients, médecins et soignants d'une façon générale, il n'y a que des êtres humains, tous, urbains ou ruraux, femmes ou hommes, méritent le même dévouement, la même attention. Cette nauséabonde insinuation, cette horrible accusation en discrimination dont nous serions coupables est insupportable et déshonore ceux qui la profèrent. »

En face, l'avocat des ruraux n'a pas le brio de ses collègues. Il se contenterait de dire la réalité. Elle est têtue, imparable. Dans une longue litanie, il détaillerait les faits qui éclairent l'acte d'accusation. Il en mettrait quelques-uns plus particulièrement en évidence. Les habitants du rural consomment 20% de soins hospitaliers en moins que ceux des villes. L'espérance de vie des ruraux est inférieure de deux ans à celle des urbains. 96% des urbains ont accès aux services d'urgence en moins de 30 minutes, contre seulement 79% des ruraux[1]. « Mesdames et Messieurs les représentants de l'État et des professions médicales, vous affirmez l'égalité. Sur le terrain, les faits démontrent l'iniquité. Inique, voilà le bon mot. Il qualifie le traitement que vous réservez aux ruraux. »

Faute grave, faillite morale, la politique de l'État ne fait l'objet, reconnaissons-le, que de protestations timides. Il n'y a pas d'entrée en résistance, de harangue susceptible de lever une jacquerie. Rien de cela, tout au plus quelques oppositions sans consistance et coups de gueule sans lendemain. Il y a dans

1. Extrait du document : *Accès aux soins en milieu rural : la bombe à retardement ?* publié par l'Association des Maires Ruraux de France (AMRF) en septembre 2021.

les faits, non une complicité mais un laisser-faire équivoque. Toujours cette relation ambigüe entre le local et le national, où à trop dénoncer on risque la sanction, la subvention refusée, l'autorisation reportée…

Admettons cependant que toute initiative aurait bien peu de chances de succès. La perte d'audience des représentants des territoires, incapables de porter au national la voix du rural constitue un handicap rédhibitoire. Derrière l'attentisme des ruraux, il faut voir aussi un renoncement qui s'appuie sur un constat amer. De ce côté-ci du territoire national, on en a la conviction, l'État n'est plus capable. Roi nu, il n'est plus que dans la posture, à bout de souffle, il est inapte à donner corps à son discours. Les maires ruraux ont compris qu'ils ne pouvaient compter que sur eux-mêmes. Vaille que vaille, ils jouent la débrouille, en solo, partent en chasse. Dans les fourrés des Carpates, il reste encore quelques médecins à débusquer et tant pis si la Roumanie devient un grand désert médical.

Indigne, la politique de l'État se révèle aussi désastreuse, car inefficiente en matière d'économie et d'aménagement du territoire. Trop peu de médecins en campagne, c'est aussi moins de suivi, moins de prévention, moins d'attention portée aux patients. C'est une médecine contrainte d'exercer en mode dégradé, qui en conséquence, pour ne pas faillir complétement, doit sur-compenser en curatif, interventions lourdes, hospitalisations… Outre les conséquences, incommensurables sur la santé de nos concitoyens, la facture s'avère exorbitante pour le contribuable. C'est une politique perdant-perdant.

L'apport d'un docteur en milieu rural, ne se limite pas au seul exercice de son art. L'implantation d'un généraliste à la campagne constitue toujours pour la commune qui l'accueille et ses environs, une formidable opportunité en termes d'attractivité. Dans les choix qui déterminent l'installation des familles, avec des enfants en bas âge notamment, la présence à proximité d'un service de médecine générale est un critère essentiel. Le médecin est une pièce maitresse dans la reconquête des espaces dévitalisés. Pour l'État ce serait tout bénéfice, ça ne coûte pas cher et ça rapporte gros. Semer des médecins sur le territoire et vous verrez refleurir la campagne. L'équation est simple, curieusement sa résolution échappe à l'État et à ses technos.

La démocratie contingentée

Je vous ai raconté, dans un chapitre précédent, comment un postulant avait imposé sa candidature à la députation en dépit de la logique de son parti qui entendait faire jouer le privilège urbain.

C'est avec la même stratégie, celle d'une campagne menée sabre au clair, qu'il sut s'imposer en tant que candidat homme. En 2017 il en avait été tout autrement. À droite, faire le choix d'un candidat yonnais était une chose, mais ce n'était qu'une variable de l'équation, encore fallait-il trouver le bon prétendant qui solliciterait les suffrages. Une évidence s'imposait : il fallait une femme. Dans le choix des candidats par les partis, la parité est aujourd'hui un critère premier.

Soyons honnêtes. Il est indiscutable que l'accès au mandat politique est moins aisé pour les femmes que pour les hommes. Les entraves culturelles, sociales, sociétales... auxquelles sont confrontées les femmes sont une réalité objective dans notre vieux pays latin aux ressorts patriarcaux. Il y a là une injustice de fait qu'il faut s'employer à corriger. Ce constat ne fait pas de moi pour autant un partisan de la loi instaurant la parité.

À mes yeux, l'exigence démocratique que nous devons porter est non d'assurer une représentation des femmes équivalente à celles des hommes, au seul motif qu'elles constituent la moitié de l'humanité, mais bien de garantir les conditions qui établissent l'égalité de tous les citoyens (et donc des femmes) dans la possibilité qu'ils ont de se présenter à une élection. Imposer, au moyen de quotas, une représentation politique genrée égalitaire, c'est tordre le coup au principe démocratique le plus élémentaire ; c'est limiter le droit entier et souverain de l'électeur de choisir un candidat. S'il est scandaleux qu'une femme ne puisse se présenter parce que femme, il est tout aussi déplorable qu'un homme qui souhaite concourir en soit empêché au nom de contingents sexués. Avoir pour priorité la parité au détriment de l'intégrité de la démocratie peut légitimement interroger.

Les quotas ont un avantage majeur, ils sont terriblement efficaces. Ils permettent dans un temps très court après leur adoption, d'atteindre l'objectif chiffré fixé. C'est vrai qu'en face, toute politique, aussi volontariste et constante soit-elle, qui aurait pour ambition d'abolir ce qui fonde dans l'univers de la politique la discrimination liée au genre, fait bien pâle figure et pour tout dire suscite l'incrédulité. Reconnaissons d'ailleurs que jamais aucune action résolue n'a véritablement été engagée dans ce domaine. Les quotas ont cependant un inconvénient de taille, ils sont par construction antidémocratiques, en restreignant le choix de l'électeur. Ils ne sont pas pour rien dans la dilution du lien entre citoyen et politique qui mine nos sociétés.

Si la loi instaurant la parité a fait l'objet d'un vote à l'unanimité, l'unité de la classe politique n'était en vérité que de façade.

À gauche, le ressort de l'égalité a fonctionné à plein, on était clairement pour.

À droite, on a eu peur de son ombre, de l'opinion (ou de ce qu'on croit être son jugement), des femmes (toujours cette tentation de les prendre pour plus bêtes qu'elles sont), de la société médiatique… Comme trop souvent on n'a pas voulu s'afficher contre. Par paresse intellectuelle, on s'est également révélé incapable de bâtir une contre-proposition ambitieuse apportant des réponses aux discriminations qui affectent les femmes dans leur accès à la politique.

Il y avait pourtant matière à agir, notamment en considérant le local comme un levier majeur. La proximité, encore une fois, aurait révélé ses vertus en donnant l'occasion à des femmes de bâtir, à partir du terrain, des ancrages puissants et durables. C'est ainsi que peu à peu, à l'échelon national, un personnel politique féminin de qualité aurait émergé et trouvé une place incontestée. Mais une fois de plus, on a préféré le temps court, les paillettes et l'artifice à la lente sédimentation d'un socle solide. Une fois de plus, parié sur la quantité et non la qualité. Qui de Golda Meir, d'Indira Gandhi, de Simone Veil, ou de nos députées *jupettes*[1] qui à la première bourrasque volettent, a le plus fait pour la promotion des femmes en politique ?

Il est intéressant d'observer qu'en matière de parité, chaque camp joue à front renversé. Les tenants de l'indistinction entre les sexes, qui nous enseignent qu'une femme est un homme comme les autres (à moins que ça ne soit l'inverse) et qui en conséquence estiment, par exemple, qu'il est égal qu'un enfant soit élevé par

1. En référence aux femmes nommées sous le premier gouvernement Juppé qui se virent pour la plupart d'entre-elles confier des ministères ou secrétariat d'État de second ordre.

deux personnes du même sexe ou de sexes différents, jouent à fond, dans le domaine de la représentation politique, la carte différentialiste. Dans ce camp, la présence des femmes est jugée nécessaire car du seul fait de leur patrimoine génétique, elle est de nature à faire évoluer la politique. Les femmes vont y apporter leur spécificité, un regard singulier propre à leur genre, une distinction dans l'approche des sujets qui est attachée à leur sexe.

À l'opposé, les partisans de l'altérité (j'en suis), qui à longueur de jour vantent les mérites inestimables de la complémentarité homme/femme sont aux abonnés absents lorsqu'il s'agit de promouvoir la parité en politique. Ici, paradoxe, on est persuadé que parité ou non, la substance de la politique n'en sera pas changée. Au bout du compte, on ne croit pas qu'il y ait une façon féminine de faire de la politique.

On nous l'avait pourtant bien vendue, la parité. Avec l'arrivée des femmes en politique, on allait voir ce qu'on allait voir : s'attacher enfin au concret, s'attaquer aux vrais problèmes, traiter les vrais sujets des vrais gens... ! Foin des envolées lyriques dont les hommes politiques se repaissent ! Au diable querelles picrocholines comme haines tenaces que la testostérone excite ; le carriérisme, la passion délétère pour les coups fourrés, la tactique et les basses manœuvres d'arrière-cour ! Avec les femmes, bon sang mais c'est bien sûr, place à une République apaisée, loin de la pratique violente qu'ont les hommes de la politique ! Voici venu le temps pour la stratégie, la hauteur de vue, la navigation sereine en haute mer vers un horizon certain, espéré de tous (et toutes) !

L'heure est à l'évaluation des politiques. Toute action publique, depuis une quinzaine d'années désormais, fait systématiquement l'objet d'un contrôle où il s'agit de juger dans quelle mesure les objectifs fixés ont été ou non atteints. Curieusement, aucun travail d'évaluation n'a été engagé sur le sujet de la parité. En vingt ans, la part des femmes en politique a connu, du fait des quotas, un bond extraordinaire et on n'estime pas nécessaire d'en tirer des conclusions ; étonnant. C'est une mission dont pourrait se saisir légitimement le Haut Conseil à l'Égalité Femmes Hommes. Las ! Il se cantonne dans un rôle de petit comptable, scrutateur vétilleux, obsédé uniquement par la conformité de la jauge.

Au-delà du bilan qu'on pourra tirer de vingt ans de politique de quotas genrés, il convient de s'interroger sur les conséquences indirectes de la mise en œuvre de la loi sur la parité. J'ai pour ma part toujours considéré la politique comme l'affaire de ceux qui en avaient le plus envie ; estimé que la victoire à une élection était le gain remporté par celui ou celle qui avait mobilisé le plus d'énergie, évacué le plus de sueur, déployé les arguments les plus solides et parfois même pratiqué les coups les plus tordus. Pour impitoyable qu'il soit, ce mode de sélection avait ses vertus. Il répondait à l'objectif de ne retenir que les meilleurs, j'entends les plus motivés, les plus endurants, les plus aguerris. Certes la mécanique n'était pas parfaite, le moteur avait parfois des ratés, cependant elle remplissait globalement son usage en produisant une classe politique de bon niveau. J'ai la conviction que la politique ne conservera son aura et l'intégrité de sa fonction que si elle est en mesure de garantir un processus de désignation de ses cadres qui permet les aventures individuelles, suscite les destins personnels et fait éclore des figures historiques.

Avec les règles de parité, le moule de *la fabrique à champion* est faussé. Sur la ligne de départ, avant même le coup de feu du starter, certaines se voient accordées des mètres d'avance, pendant qu'à certains autres sont appliqués des handicaps. Il me semble qu'il y a une règle de proportionnalité directe entre le nombre d'entraves qu'on met à l'exercice normal de la démocratie et la médiocrité du personnel politique. La baisse du niveau moyen de notre classe politique, constatée par tous au regard de faits objectifs (baisse du niveau d'étude et de culture générale, de la capacité à s'exprimer, à rédiger,...) et avérée par le fait que les profils brillants font aujourd'hui le choix de ne plus s'engager dans des carrières politiques, trouve ici une de ses explications.

La dévitalisation démocratique mine notre République. Les faits sont là (liste non exhaustive) : baisse continue du taux de participation aux élections, développement des actes délictueux (insultes, violences...) à l'encontre des élus, discrédit de la parole publique, pauvreté du débat... Je note un indice pour alimenter la réflexion. La difficulté dans toutes les communes comptant entre 1 000 et 5 000 habitants de composer des listes paritaires alternées lors des élections municipales est mentionnée par tous les candidats têtes de liste. Convaincre un nombre suffisant de femmes de candidater se révèle souvent une gageure. C'est un fait reconnu par tous. Il en ressort, dans ces petites communes, une diminution du nombre de listes présentées et de plus en plus fréquemment un simulacre de démocratie, avec une seule liste en lice : la parité au risque de l'affadissement démocratique.

À certains égards, la parité a eu des conséquences similaires à celles provoquées par la loi sur la limitation du cumul des mandats. Pour les partis traditionnels, elle fut à l'origine, en leur sein, d'un dégagisme sans précédent, alors qu'aux petites comme aux jeunes formations, elle offrit l'aubaine inespérée d'une immixtion dans la cour des grands. Les dinosaures, à gauche le parti socialiste, à droite, l'UMP puis les Républicains, engoncés et lourds du poids de leur héritage, ont eu du mal à se mouvoir dans ce nouvel univers contingenté. Bon gré mal gré, avec plus ou moins de lenteur et sous la sanction de menaces financières, ils ont dû rentrer dans le rang. Aux élections, quotas obligent, il a fallu sortir les sortants. Dégager des hommes et trouver des femmes. Remplacer l'expérience par la candeur, voire la naïveté se lamenteront certains. Substituer la fraicheur à l'usure se réjouiront d'autres.

Quelle opportunité ! Quel coup de balai ! Quel vent nouveau ! Enfin pouvoir dégager une classe politique dont le mode de recrutement, dans les faits, tient plus de la cooptation que de l'élection. C'est la pensée qui domine du côté des jeunes et petits partis. Ici, on ne compte pas ou peu d'élus, anciens, ancrés localement. C'est sans difficulté qu'on peut donner sa chance à des femmes. Elles seront opposées à de jeunes candidates, promues à regret par le parti en place, qui a dû se résoudre à reléguer dans leur retraite de vieux barons fidèles. La féminisation à marche forcée de la politique française fut sur le plan électoral le plus somptueux des cadeaux offert au Rassemblement National et à la République en Marche.

Au rencard les vétérans, au balcon les débutantes ! C'est tentant et tellement facile d'appeler à la croisade contre les potentats, auprès d'une opinion qui ne porte pas en haute estime le politique. C'est oublier un peu vite que la politique est histoire de filiation. Dans le jeu démocratique, une des vertus majeures des partis est d'assurer le passage de témoin d'une génération à la suivante, de transmettre de sortant à successeur, de cheval aguerri à poulain mal débourré, une expérience, des codes, la longue histoire d'un ancrage local, la connaissance intime d'un terroir, de son caractère physique, comme de celui des hommes et des femmes qui y vivent. L'institution de quotas, combinée avec l'obsession du temps court qui devrait prochainement limiter pour un élu le nombre de fois qu'il peut prétendre à un même mandat[1], n'est pas sans responsabilité sur la méconnaissance croissante du territoire par les élus, la fabrique d'une classe politique déconnectée du terrain.

La démocratie culbutée

Les grands partis qui ont porté les couleurs de la droite et de la gauche parlementaires au cours de la Cinquième République ont su patiemment bâtir puis s'appuyer sur un ancrage local fort. Ils ont pu être critiqués à ce sujet, parfois à juste titre : partis de notables, avant tout soucieux de gérer leur acquis électoral et de maintenir leurs baronnies. Ils avaient cependant le mérite de mailler le territoire et d'assurer sa représentation grâce à une organisation pyramidale, qui de sections locales en comités départementaux, jusqu'aux instances nationales, permettaient à la plus petite commune de voir ses préoccupations prises en compte et ses intérêts défendus.

Ils sont aujourd'hui en perte de vitesse, au motif qu'ils n'ont pas fait leur aggiornamento idéologique nous dit-on. C'est sans doute vrai. Admettons aussi plus prosaïquement, qu'ils dépérissent pour de simples raisons techniques. Ils ont fait des choix tactiques désastreux. L'ironie de l'histoire, c'est que mus par une obsession de sacrifier au culte de la modernité, ils ont tendu eux-mêmes les pièges qui les ont perdus.

L'instauration du non-cumul des mandats qu'ils ont promue, répondant non à la vox populi mais cédant à *l'injonction sondagière*, a ouvert le jeu. Arithmétiquement, des postes sont

1. Projet de loi constitutionnelle pour un renouveau de la vie démocratique déposé à l'assemblée nationale le 28 août 2019.

devenus vacants, ouvrant une brèche pour de jeunes partis qui n'en demandaient pas tant, facilitant la conquête par de nouveaux candidats de forteresses historiques tenues par de grands féodaux désormais fragilisés. L'organisation de *primaires*, qu'ils ont porté à bout de bras pour désigner le champion capable de les représenter à l'élection présidentielle a continué de les décrédibiliser. La *primaire* est une privatisation de l'espace démocratique qui consiste à confisquer, au profit d'une caste, le pouvoir qui revient au peuple.

S'y ajoute, animé par un mauvais génie sans doute, une indécrottable propension de ces partis à abîmer la politique. On ne nous aura rien épargné dans ce domaine.

Il y a d'abord eu Strauss le virtuose, qui dans son Sofitel, se prenant le pinceau dans sa baguette a joué une musique de chambre insupportable à nos tympans. Triste bilan d'un homme brillant, promis aux plus grandes destinées, qui a précipité sa chute faute de pouvoir maitriser son FMI (Fusil Mitrailleur Intempestif).

On notera, pour l'Histoire, dans cette sordide affaire, l'évolution en peu de temps des mœurs politiques. Dans les années 70-80, loin de # metoo, la malheureuse Nafissatou Diallo (qui avec les indemnités versées dans le cadre du procès, pointe désormais chez les nouveaux riches ; c'est beau la promotion par le socialisme ! Mais à quoi bon la fortune quand on a été salie par un porc.) n'aurait pas même eu l'idée de porter plainte, tant le droit de cuissage que les puissants pouvaient exercer sur la piétaille était de fait inscrit dans les conventions. Parfois même, l'exercice de cette domination machiste ancestrale était pratiqué, à gauche souvent, sous couvert de libération sexuelle. Non, à cette époque ce n'est pas Strauss-Kahn le queutard qui aurait été ciblé, mais Strauss-Kahn le dispendieux, au nom de la lutte de classe et de la défense du prolétariat. Sofitel, jet set et palaces, *O tempora, o mores*!

Quelques mois plus tard, par un étrange effet de symétrie, comme si droite et gauche au coude à coude, dans deux couloirs parallèles, couraient dans une même compétition à leur perte, c'est Fillon qui se ramassa une veste en se prenant les pieds dans son costard. À la différence près cette fois-ci, que le scénario empruntait moins à Cornecul qu'à Grand Guignol. Un numéro raté en vérité. Si le ridicule était de mise, l'humour qui sied à toute bonne farce faisait défaut. François, le triste sire, homme public qui entretenait une relation délétère avec l'argent était sinistre à mourir dans sa représentation en (costume) trois pièces.

C'est d'un rire jaune, désabusé, puisqu'il faut bien un exutoire, que je vous conte ces pantalonnades qui ont fait tant de mal à la République. Strauss Kahn et Fillon ont créé un dommage incommensurable. Déjà largement portée, la suspicion du politique s'en est trouvée renforcée.

La démocratie privatisée

Dans le processus au long cours de dévitalisation de notre démocratie, les partis politiques qui ont dominé la Cinquième République ont une part de responsabilité immense. Droite et gauche ont participé au sabordage de l'édifice, leur implication respective n'est cependant pas de même nature.

À dextre, il y eut le coup de force impardonnable suite au référendum du 29 mai 2005 sur la constitution européenne. Adepte du, *en politique plus c'est gros plus ça passe*, Sarkozy à la baguette magique joua les prestidigitateurs en chef. En un tournemain, il nous fit disparaître la souveraineté populaire. Chapeau ! Les résultats de la consultation étaient pourtant clairs. Une participation solide, à près de 70% et un vote net et sans appel en faveur du non à hauteur de 55%.

Très pénible ce peuple qui exprime une opinion à l'exact opposé de la position tenue par la classe dominante minoritaire ! On décida alors de se passer de lui. Sans prendre de gants, on rédigea une copie conforme à celle soumise au peuple quelques mois plutôt. Avec grandiloquence on donna au bout de papier les allures d'un texte fondateur, inscrit dans l'Histoire, la grande, qu'on baptisa pompeusement *Traité de Lisbonne*. On convoqua ensuite en Congrès l'entre-soi des bien-pensants qui, comme une lettre à la poste, signifia au peuple qu'il s'était trompé. Tromper le peuple, tout est dit, pour décrire l'adoption de ce traité de Lisbonne, à jamais illégitime et pour faire du 4 février 2008, date du vote du Congrès, un jour de deuil insondable de la démocratie française.

Au-delà de ce coup de poignard, dont la plaie reste béante, la contribution des partis conservateurs (que conservent-ils d'ailleurs ? On se le demande) à l'œuvre de déconstruction de la démocratie fut modeste. Au pire furent-ils complices, je ne reviens pas sur le non-cumul des mandats, la loi sur la parité… sinon spectateurs d'une gauche jamais à court d'idées. Guidée par le laisser-faire et terrorisée à la seule idée d'affirmer une autorité dont elle présuppose l'impopularité, la droite a observé, passive, le travail résolu de sape de la démocratie représentative engagé par les partis dits progressistes.

À sénestre, à l'opposé d'une droite qui passe en force, on récuse et s'interdit la brutalité de ses adversaires. On manie le concept. Par ici, on n'aime pas fourrer à sec. Quand on veut baiser le peuple, on lui raconte une histoire pour le bercer : *Il était une fois la démocratie participative !*

Du registre de la magie, on passe à celui de l'illusion. C'est *le grand remplacement*! Finie la majorité qui se dégage de la votation du citoyen, place aux idées qui s'imposent par l'opinion des initiés. La gauche milite pour la démocratie participative. Ultra minoritaire, elle y voit son intérêt. La droite, bêtasse, suit. La démocratie représentative est bien malade, c'est une certitude. On fait le choix, curieuse conception, de l'abandonner à son châlit ; de ne plus prodiguer de remède à cette patiente vertueuse qui n'a pas démérité de la République, pour aller se vautrer dans le lit de fortune d'une femme vénéneuse.

Le traitement n'est pourtant pas compliqué. Il suffit de redonner du pouvoir à l'électeur, de la souveraineté au peuple, diront certains avec justesse. Pour ce faire, il faut restaurer la pleine légitimité de l'élection en conférant toute leur force aux mandats qui en sont issus.

À quoi bon aujourd'hui voter pour élire un conseil municipal, si sur le développement économique de la commune, l'urbanisme, la maîtrise du foncier, l'assainissement, la petite enfance, la politique sportive et culturelle… son action consiste à regarder passer le train des mesures prises par la communauté de communes ou l'agglomération ? Pourquoi voulez-vous mobiliser l'électeur aux législatives si nos députés ne sont pas en mesure (soit qu'ils en sont incapables, soit que l'exécutif est définitivement autiste, soit que le pouvoir est désormais aux mains des juges) de remonter de leur circonscription, enseignés qu'ils sont par un contact assidu avec le peuple, la matière nécessaire à la fabrique de la loi ?

Sur la forme, la démocratie participative est parée de tous les attraits. Rendez-vous compte, elle adresse aux citoyens une invitation permanente à exprimer ses opinions! Ça a quand même une autre gueule que la convocation comminatoire, à date fixe, à glisser un bulletin dans une urne, que nous signifie sa pâle concurrente, la démocratie représentative. Mais à l'examen des faits, la tentatrice aux sublimes appâts perd de sa superbe. La porte qu'on croyait grande ouverte est sous la bonne garde d'un videur. Dans la salle de restaurant de l'hôtel de passe, seuls quelques initiés, éduqués, intéressés... ont leur rond de serviette. Les petits, les pas beaux, les crottés... qui ne s'expriment pas bien, ne pensent pas comme il faut... et ça fait du monde, croyez-moi... ne sont pas invités à la table.

Malgré toutes ses insuffisances, la démocratie représentative, que je qualifie pour ma part de démocratie tout court, a un mérite: sur le principe, elle n'exclut personne. Chacun dans le secret de l'isoloir et le respect de ses convictions peut se prononcer... Alors qu'en démocratie participative, quand on n'a pas la parole aisée, qu'on ne sait pas briller, quand tout simplement on ne sait pas dire, le droit de Cité vous est refusé. La démocratie participative est à la démocratie ce que la laïcité positive est à la laïcité, une excroissance qui la dénature.

En l'espèce, la forme affecte le fond. La récente *Convention citoyenne pour le climat*[1] en donne un exemple saisissant. La désignation des conventionnels s'effectue par tirage au sort, sur la base d'un échantillon représentatif de la population française, nous dit-on. Comme si on pouvait réduire le peuple à une formule

1. Convention citoyenne pour le climat: Annoncée par Emmanuel Macron en avril 2019, à la suite du Grand Débat National engagé durant le mouvement des Gilets Jaunes. Elle regroupe 150 citoyens tirés au sort parmi la population française. Elle a pour objectif de proposer des mesures structurantes pour parvenir, dans un esprit de justice, à réduire d'au moins 40% la réduction des émissions de gaz à effet de serre.

mathématique, passer sa voix au filtre d'une métrique. Une fois le tirage réalisé, les candidats sortis du chapeau ont le choix d'accepter ou de refuser la mission. S'ils acceptent, c'est sans doute parce qu'ils sont intéressés, au sens où le sujet les intéresse et peut être aussi parce qu'ils y ont des intérêts… Ah la belle hypocrisie des promoteurs de la démocratie participative, dénonciateurs invétérés du moindre conflit d'intérêt chez les représentants élus par le peuple! On nous a fait passer la convention citoyenne sur le climat pour l'assemblée des constituants, alors que ce n'est rien d'autre que la coterie des connivents, on est tout près de la connerie des courtisans.

Qui sont-ils d'ailleurs ces fameux 150 conventionnels? À Moutiers c'est à peine si on connait la convention, alors pensez-donc ceux qui la composent! Ici, le maire est connu de tous, on le croise dans la rue, on échange, on l'interpelle, on récrimine, on prend l'apéro… C'est vrai aussi de quelques conseillers municipaux. Quant au député, quasiment personne n'est capable de citer son nom. Pour autant, on sait qu'il y en a un, qu'il tient une permanence et que, s'il faut gueuler un bon coup, on saura le trouver.

Tout l'inverse de nos conventionnels. Voilà 150 gugusses, inconnus, non élus, qui prennent des décisions lourdes, susceptibles d'affecter le quotidien de nos vies (comme par exemple pour un jeune en milieu rural, la difficulté demain de trouver du travail parce qu'il lui faudra financer une voiture sans émission carbone, trop coûteuse pour ses moyens) qui n'ont à rendre aucun compte à personne et sont exemptés de toute sanction. Tous des planqués! Elle est pas belle la démocratie participative!

La démocratie participative est un objet politique non référencé et qui pourtant sévit. Difficile de décrire un système qui, tantôt est le cheval de Troie des idées minoritaires, tantôt la charrue qui trace le sillon des idées convenues. En fait, c'est non par le résultat que son usage permet d'obtenir qu'il faut appréhender le concept, mais bien par l'intérêt qu'y trouvent ceux qui en usent et le promeuvent. C'est un invariant : la démocratie participative est toujours au service du pouvoir en place, qui toujours en tire avantage. C'est l'une des raisons qui expliquent que gauche et droite, milite en sa faveur pour la première, ne la condamne pas pour la seconde. Les partis font le calcul cynique qu'une fois au pouvoir, ce sera un outil bien utile pour faire passer des textes difficiles.

À l'appui de la démonstration, *les États généraux de la bioéthique* en 2018 apparaissent comme un modèle du *genre* (c'est le cas de le dire sur ce sujet). Sur ces questions abyssales sur le plan anthropologique, notamment celle de la Procréation Médicalement Assistée (PMA), notre Petit Prince du *en même temps*, soucieux de donner un coup de barre à gauche sur le sociétal, parce que critiqué de suivre un cap trop à droite sur le social et l'économique, afficha ne pas vouloir passer en force.

Pas question, comme le fit son prédécesseur, d'humilier le camp des contre, conservateurs, cathos… j'y ajoute pour ma part les écologistes sincères. Rappelons l'opposition de José Bové à la PMA[1]. Quant à Jean-Marie Le Pen, il y est favorable souvenons-nous en. « Le menhir » y voit une mesure en faveur de la natalité, un moyen de sauver l'occident blanc, face au tsunami migratoire qui vient[2]. Ça devrait faire réfléchir les

1. « La PMA, la GPA c'est la boite de pandore : eugénisme, homme augmenté. » Déclaration de José Bové à la revue Limite en mai 2017.

2. Le 24/07/2019 Jean Marie Le Pen, dans le Figaro, déclare au sujet de la PMA : « À titre personnel je n'y suis pas opposé. Je préfère un enfant sans père que pas d'enfant du tout ». Il y voit une solution à « la guerre démographique » : « Nous devons nous défendre contre l'invasion migratoire, qui tient, avant tout à une différence de dynamique démographique considérable entre le continent boréal et le reste du monde. »

progressistes. C'est vrai que de ce côté-là on a ses mentors, l'enseignement de Pierre Bergé : « Louer son ventre pour faire un enfant ou louer ses bras pour travailler à l'usine, quelle différence ? C'est faire un distinguo choquant. »[1] Comme quoi, on peut avoir été le pygmalion d'un des plus beaux esprits français du xxe siècle et avoir définitivement perdu toute dignité.

Foin de digressions, revenons à notre propos. Le clivage oppose deux camps qui se savent minoritaires. La majorité, écrasante, ne pense rien du sujet, elle juge surtout qu'il n'y a aucune raison de l'inscrire à l'agenda politique. Le chômage, la précarité, l'insécurité, l'immigration, la qualité de vie… sont à traiter en priorité. Au gré des sondages aux questions orientées : trouvez-vous normal que deux personnes du même sexe ne puissent pas élever un enfant ? Ou trouvez-vous normal qu'un enfant puisse dès sa naissance être privé de père ? Aucune réponse ne se dégage susceptible de trancher la controverse.

Du côté des opposants, réunis sous la bannière de *La Manif pour tous*, la conviction est de bonne foi, religieuse pour certains, philosophique pour d'autres ou encore sur l'ordre naturel qui doit guider les choses. La résolution est sans faille, *on ne lâche rien*. L'organisation tutoie le militaire ; utile pour mettre au pas les quelques excités qui ne manquent pas dans ce genre de mouvement et contribuent à le décrédibiliser. Le gros de la troupe est bien éduqué, bien élevé aussi, trop peut-être. Novices en politique, ils font, pour beaucoup, la première expérience du militantisme. Biberonnés au respect des anciens, des institutions, des élus… ils rechignent au coup de force.

---

1. Déclaration de Pierre Bergé le 16/12/2012 sur le site du Figaro.

Ceux d'en face forgés par la discrimination qui les affecte, aguerris à la lutte, instruits par des années de combat *têtu* déploient un activisme efficace, ciblé, chirurgical. À partir de la militance LGBT, ils ont bâti et structuré un discours victimaire qui fait mouche, revendiqué le droit des minorités, investi les médias et trouvé des relais au sein du pouvoir.

La consultation nationale, organisée sous l'égide du Comité Consultatif National d'Ethique (CCNE), apparut pour les partisans de *La manif pour tous* comme une opportunité à saisir. Elle décida de mobiliser ses bataillons. Enfin, elle allait pouvoir être écoutée, s'exprimer, à Paris comme dans les régions, déployer ses arguments. Elle tint parole, la satura même parfois, de sorte que dans cet exercice grandeur nature de démocratie participative, son opinion put apparaitre comme nettement majoritaire. Très embêtant pour le pouvoir en place et pour le président du CCNE qu'il avait mandaté pour apaiser les débats : surtout ne pas faire de vague, enfouir sous l'éteignoir les voix pas comme il faut.

Il fallut rétropédaler. Faux cul, le pouvoir remercia les participants, salua la richesse des débats mais n'oublia pas d'assener qu'il ne s'agissait que d'une consultation qui ne saurait en aucun cas engager une exécution.

Réélu le président persévère. Instruit par l'expérience, il sait le bénéfice qu'il peut tirer de l'exercice participatif. Il va en user et abuser. Sur le trône inconfortable de son second mandat il n'a pas compris le camouflet des législatives. Des urnes est sortie une assemblée dont la composition dans sa diversité et ses proportions se rapproche du nuancier que dessine l'opinion du peuple. Une occasion inespérée, à saisir, pour faire de la représentation nationale un interlocuteur crédible, un partenaire fiable. Las ! Macron II fait de la résistance. Il lance le Conseil National de la

Refondation (CNR)[1]. La votation citoyenne est balayée, le souverain qu'est le peuple destitué.

Ici, aucune règle, si ce n'est celles décrétées par le seul promoteur de l'initiative. Ici, c'est le président en personne qui convoque ou révoque. Ici, mieux vaut être dans les petits papiers du prince. Ici, les présents, adoubés, vassalisés… sont ses obligés. Ici, la pesée démocratique ne compte pas. Ici, le tweet bien balancé peut avoir plus de poids que l'expression poussive commune à cent besogneux. Ici, la déclamation brillante d'un bateleur peut écraser l'exposé hésitant de dix mille méritants. Ici, la forme peut primer le fond, à moins que ce ne soit l'inverse. Ici, c'est au bon vouloir du suzerain, au gré de son humeur…

En fait de CNR, il s'agit plutôt de CNRDR : Conseil National de la Résistance à la Démocratie Représentative !

La démocratie participative permet toutes les forfaitures. Ceux-là même qui un jour la convoquent, vantant ses vertus – ici en général on fait dans l'emphase, on n'hésite pas à louer l'Agora, invoquer le retour aux sources de la démocratie athénienne… – peuvent le lendemain même, sans sourciller, la congédier, s'il s'avère qu'elle se retourne contre leurs intérêts, ayant beau jeu de dénoncer sa légèreté qui confine à l'illégitimité. Participation, piège à cons. La démocratie participative est un ectoplasme politique, celui qui l'actionne peut tout oser, c'est même à ça qu'on le reconnait.

---

1. Le 8 septembre 2022 à Marcoussis Emmanuel Macron installe le Conseil National de la Refondation.

LA DÉMOCRATIE PRÉCIPITÉE

Quelle solution au désenchantement démocratique qui a pour conséquence directe la chute de la participation aux élections ? Les 20 et 27 juin 2021, en tant qu'assesseurs, lors du premier et second tour des élections départementales et régionales nous avons eu tout le loisir de mesurer la désaffection des citoyens. Il n'y avait pas foule au bureau de vote. La participation s'est révélée calamiteuse, moins de 37% des électeurs moutierrois se sont déplacés pour glisser un bulletin dans l'urne.

Il y avait dans cette abstention massive un parfum inédit, ou plus exactement le souffle d'un vent, certes connu depuis longtemps, mais dont les premiers effluves commençaient seulement à remonter à nos narines. Une odeur fétide, comme celle d'un membre qui pourrit, un être vivant, la démocratie en l'occurrence, corrompue par la gangrène de la défiance. Nous avions au nez des relents de révolte, une adresse en forme de bras d'honneur à l'ensemble de la classe politique : « Mesdames et Messieurs les élus, vous avez décidé de vous passer de nous pour gouverner, pas de problème on se passera de vous. On démissionne de la démocratie, on fait sécession de la République ! »

Quelle parade à l'abstention ? On eut droit à un florilège, le concours Lépine de la connerie en politique. Reconnaissance du vote blanc, vote obligatoire, vote les jours de travail et non le dimanche, vote par internet…

Il y en a même un, plus malin que les autres, instruit sans doute par le remarquable déroulement du scrutin à la présidence des États-Unis ! qui préconisa le vote par correspondance. Toujours cette tentation de désacraliser l'élection, l'acte qui consiste à se déplacer pour aller à la rencontre de la République dans le but de choisir ceux, parmi les candidats, qui seront nos élus. Voter demain pour le Président de la République Française comme on fait sa commande de bimbeloterie sur *Amazon*. Les plus aisés y verront leur avantage. Rendez-vous compte, voter par anticipation grâce à une simple missive ; idéal pour le jour-dit de l'élection, bouder l'isoloir et gagner sa résidence secondaire. Pour les autres, avec leur chez-eux pour seul pied-à-terre, qu'est que cela changera ? En tout cas cela ne modifiera en rien le désespoir, qui confine à l'écoeurement, qu'ils entretiennent avec la politique.

D'autres s'intéressèrent aux jeunes. Une proposition émergea, celle d'abaisser l'âge légal du vote à 16 ans. Le promoteur de l'idée n'alla pas jusqu'à évoquer la possibilité de choisir un candidat par un simple like sur *Facebook* ou une photo du chouchou postée sur *Insta*, mais il le pensa si fort…

Enfin the last but not the least, certains estimèrent que voter était un tel effort qu'il justifiait une contrepartie. Pourquoi par exemple ne pas offrir au jeune qui participe à une élection un « pass culture, loisir ou sport », ben voyons. Au nom de l'égalité, je réclame pour ma pomme une réduction de mon impôt sur le revenu à chaque fois que je glisserai un bulletin dans l'urne. Quant à ceux, exonérés d'impôt qu'il convient de ne pas léser, il faudra pour récompenser leur passage dans l'isoloir leur accorder une prime !

Les rustinologues et autres gadgetophiles sont à la manœuvre. Ils tiennent le haut du pavé. Ils ont dégainé la *solutionnite*. Comment caractériser cette affection, désormais généralisée, du processus de décision politique qui corrompt notre démocratie ? La *solutionnite* est une esclave sous l'autorité de deux maitres. Il y a le temps, en premier lieu, qu'il faut toujours plus raccourcir, voire réduire au point d'atteindre son anéantissement. Sous le régime de la *solutionnite*, la mesure de la décision n'est pas la pertinence mais la rapidité avec laquelle elle est prise. Le maitre-mot, c'est : vite. Il y a en second lieu la communication, l'obsession de montrer, de dire plus que de faire, d'afficher, sa décision, sa petite gueule, de faire le show…

Décortiquons le mécanisme. C'est un moteur à quatre temps. Le premier se situe avant la décision. La *solutionnite* n'engage le premier tour de manivelle qu'une fois un problème perçu. Elle ne s'exprime que « par rapport à ». Elle est dans la réaction et non dans l'action, jamais dans l'anticipation qui suppose un travail profond de réflexion en amont, mais toujours dans la précipitation. Confrontée au problème, et à la réponse qu'il convient d'y apporter, la *solutionnite* s'interdit l'analyse. La mise en perspective est négligée, le regard historique évacué. L'instant est privilégié, le temps long est banni.

Le second temps, celui de la décision, est mû par l'élan donné lors du premier. Le moteur tousse, il pétarade, fume à tout va. Il joue l'épate, fait le buzz… C'est même sa fonction première. Peu importe qu'il nous conduise au but, l'essentiel est d'être le premier à démarrer et de le faire savoir. Avec ce régime moteur, l'impasse se profile. À réaction, le moteur de la *solutionnite* n'entraine pas pour autant de solutions conservatrices. Bien au contraire, la décision doit par nature être spectaculaire, inédite, sensationnelle. La démocratie comme un spectacle.

Le troisième temps est celui de l'emballement. Le moteur ronfle, il est en surrégime mais curieusement n'entraine aucune motricité. Le véhicule fait désespérément du surplace, l'explosion guette. Alimentée au carburant du médiatique, chaque décision, inconséquente par nature (compte tenu des deux temps précédents), en suscite une autre qui aura les mêmes caractéristiques intrinsèques.

À ce rythme, le problème de départ qui avait justifié le lancement du moteur, n'est plus un sujet ni un enjeu. Le process s'autonomise, il acquiert une dynamique propre, déconnectée du réel, à côté de la plaque. Dès lors le jeu politique s'inscrit dans l'illusion. S'enclenche alors le quatrième temps du moteur, celui de l'explosion, de l'artifice en l'occurrence. Oh la belle bleue… la belle rouge ! Panem et circenses ! Amusons… abusons.

Au moment où j'écris ces lignes, Macron fait son show à Marseille[1]. J'y vois un exercice grandeur nature de *solutionnite*. Vérifions. Passons l'expérience au tamis du concept. D'abord la première étape, celle de la réaction. Macron ne va pas à Marseille, il s'y précipite. Une dizaine de morts en quelques semaines sur fond de trafic de drogue. Des kalachnikovs quasiment en libre circulation dans la ville, un jeune de quatorze ans fauché par une balle perdue… La ville flambe. Pompier inconséquent, le président de la République, comme ses prédécesseurs, n'a pas su voir la braise qui couve depuis trop longtemps et le mistral qui l'attise.

Sur place, on affecte l'écoute, on feint l'attention. Tout ça est mis en scène, médiatisé. À Bassens, dans les quartiers nord un échange est organisé avec des mères de famille. Où sont les pères ? Personne ne s'étonne de leur absence. Et si c'était l'un des sujets, de fond celui-là ? *Laisse pas trainer ton fils / Si tu veux pas qu'il glisse*. En 1998, NTM avait lancé l'alerte : *Que voulais-tu que ton fils apprenne dans la rue ? / Quelles vertus croyais-tu qu'on*

1. En déplacement à Marseille du 1er au 3 septembre 2021 Emmanuel Macron annonce le plan « Marseille en grand ».

y enseigne ? / T'as pas vu comment ça pue dehors / Mais comment ça sent la mort? Déjà alarmante la situation est devenue intenable. En quinze ans, on est passé de la démission des pères à leur disparition. *Papaoutai* s'interroge Stromae en 2013 : *Tout le monde sait comment on fait des bébés / Mais personne ne sait comment on fait des papas.*

Le constat posé par notre président pressé se résume à la faillite des transports, au délabrement des logements et des établissements scolaires, au manque de forces de l'ordre et plus généralement de moyens pour assurer la sécurité. Exit l'éducation familiale, les contenus et la pédagogie de l'enseignement, l'immigration, l'urbanisme, le clientélisme…

Incomplet, erroné parce que précipité, le diagnostic annonce la faillite de l'étape suivante, celle de la décision. Un milliard et demi d'euros, c'est la réponse apportée, on la claironne, on la diffuse, on la propage, on la met en orbite, on en fait un refrain. *Marseille en Grand*, c'est le deuxième temps. Il pleut comme confettis des biffetons sur la ville. Quel spectacle, quelle fête ! Plus fort que guérir les écrouelles, Macron nous ouvre sa cassette. Au fait, un milliard et demi pourquoi faire ? Le tintamarre est si grand qu'on en a oublié l'objet de la dépense. Plus de flics, de bus qui arrivent à l'heure, de salles de classe ripolinées. Avec ça c'est sûr pfuitt… envolés les kalachs dans la cité, le trafic, la jeunesse en perdition…

Oui mais voilà, le vacarme de la fiesta en indispose plus d'un. Logique, quand le seul but assigné à la décision est non pas de résoudre un problème mais de faire un boucan de tous les dieux. Jupiter président concentre la critique. Le mode de gouvernance adopté par le monarque est mis sur la sellette. Le sujet se déplace. Marseille, sa ruine, sa came, ses flingues, ses morts… sont déjà loin. Un sujet chasse l'autre, c'est le phénomène de l'emballement, caractéristique de la troisième phase de la *solutionnite.* D'autres politiques montent au créneau, pointent Macron obsédé par la prochaine échéance présidentielle, un candidat en campagne dans la ville. Des contrefeux sont allumés par des fidèles du président : « Lui au moins traite les problèmes de la France » loin des petits boutiquiers préoccupés par la cuisine de leur parti. C'est une attaque en règle contre la droite, la gauche, les écolos… empêtrés dans le processus de départage de leurs candidats.

Ces propos indignes appellent une contre-attaque… Feu d'artifice sur le vieux port ! C'est la quatrième étape de la *solutionnite.* Ça fuse à tout va, éclate ici et là en mille faisceaux de lumière. Qu'est-ce qu'on s'éblouit, qu'est-ce qu'on s'estourbit ! Qu'est-ce qu'on s'amuse, qu'est-ce qu'on abuse !

CQFD.

La Belle des champs

Pour arroser son anniversaire, Pablo a invité le conseil municipal *chez Sylvanie*, l'un des cafés de la commune. Karaoké au programme, charcuterie à la plancha, boisson à volonté. L'ambiance est bon esprit, détendue, les tubes s'enchainent, plus ou moins massacrés, en solo ou en duo, par les élus, ténors ou divas d'un soir. Aucune carrière n'a vu le jour à la suite de cette séance !

La sono envoie *La Belle des champs,* Pablo se lève comme un ressort. C'est pour lui, il y tient. Il chantera les yeux fermés, sans retour écran.

« Tu baguenaudes dans les pâturages
Tu t'en vas te promener, Belle des champs
Qu'il est blanc, qu'il est crémeux ton fromage
Dis, donne-nous en un peu, Belle des champs

Dis, tu nous en donnes, dis
Oh oui, donnes-nous en
Donne, donne, donne dis
Belle, Belle des champs

Dis, donne-nous un peu de ton fromage
Tout le monde t'aime tant,
Belle des champs »

L'interprétation est bonne, le ton y est. Pour le public qui a les yeux sur le moniteur, aucun mot ne manque ; c'est parfait. À la demande de Pablo, par un geste convenu, Sylvanie appuie sur pause. Quelques verres accumulés ont fatigué notre premier adjoint, qui guilleret mais toujours lucide, lance à la cantonade : « l'interprétation c'est bien, l'exégèse c'est mieux ! » C'est ainsi que fut enseignée l'évangile selon Saint Richard Gotainer.

Pédagogue, Pablo rappela au préalable le contexte ; pas inutile pour les jeunes générations. Il indiqua que la chanson est connue pour être attachée à une publicité qui a marqué le début des années 80. Elle fût créée par Richard Gotainer, auteur compositeur facétieux, pour vanter le bon goût d'un fromage à la pâte onctueuse. Le spot télé, sur un rythme enlevé, mettait en scène une jeune fille pleine d'allant, fraîche et nature.

Le père Pablo délivra son enseignement. « Dès le premier vers, le ton est donné : La Belle des Champs, *baguenaude*, dans les pâturages. Contrairement à la figure de la wonder-woman citadine soumise au diktat du taf, servile, qui arpente la ville, la Belle se laisse aller où bon lui semble, sans plan prémédité ni carriérisme. Elle y va à l'instinct, ouverte aux rencontres, offerte à l'inattendu. Plutôt que baguenaudant, le compositeur aurait aussi pu décrire notre héroïne sillonnant la campagne, la cantonnant ainsi à un rôle de laboureuse, productrice attentive aux quotas, à l'optimisation des rendements, guidée par le seul profit et la finance. Non, notre douce amie est flâneuse. Elle n'en est pas pour autant glandeuse, car si elle se promène c'est pour faire partager son fromage, *Oh oui donnes-nous en*, donner à gouter sa pâte moelleuse ; son suc délicieux qu'elle sait faire couler à propos. »

La salle réagit vivement, l'alcool et les bulles jouant leur rôle d'excitant. Le commentaire de texte confine au graveleux. Les femmes s'indignent et protestent, les hommes applaudissent et opinent. Se défendant de toute allusion, notre curé d'un soir juché sur une table en guise de chaire, engage alors son autorité et réclame le calme à ses ouailles dissipées. Il reprend le fil de son exercice.

« Tout le monde peut profiter des bienfaits de la Belle. Le dessin animé qui illustrait la publicité est d'ailleurs explicite en mettant en scène les enfants, le mari ou le voisin agriculteur, ainsi que la génération des ainés symbolisée par deux femmes marchant côte à côte sur le chemin qui conduit au village. La jeune femme est généreuse, tout comme l'est sa poitrine. Elle est femme et épouse, exhibant un décolleté généreux sous lequel on devine des tétons insolents, en même temps qu'elle est mère prodiguant son lait nourrissant. Émerge ici le principe cardinal que la campagne cultive le genré, l'abondance, le copieux, la profusion, la bonne pâte humaine, la richesse et la profondeur des relations. Tout l'inverse de l'urbain qui est associé à l'asexué, au maigre, au slim, au sec, au végan, au déchiqueté, au décharné, au désincarné… »

Enfant de chœur attentive, Sylvanie, sur un geste entendu de Pablo relançe la chanson. Pablo avec force gestes incantatoires et contorsions, pénétré qu'il est par le texte, se la joue cette fois renouveau charismatique.

« Tu joues de l'échancrure de ton corsage
Des étincelles dans les yeux, Belle des champs
Ta coquetterie nous pousse au badinage
Nous sommes tout pantelants, Belle des champs

Dis, tu nous en donnes, dis
Oh oui, donnes-nous en
Donne, donne, donne dis
Belle, Belle des champs

Nous, on est prêts à tous les dérapages
Depuis le temps qu'on attend
Belle des champs

« Poussons plus avant la lecture des couplets, chers amis. Beaucoup moins connues, ces paroles sont d'une qualité littéraire très nettement inférieure, convenons-en. Poursuivons cependant l'examen qui nous apportera quelques informations complémentaires sur cette fille qui nous tourmente.

Le chanteur fantaisiste propose ici une version renouvelée de *l'amour courtois*. Comme toutes les grandes séductrices – *Tu joues de l'échancrure de ton corsage ; Ta coquetterie nous pousse au badinage* – qui ont jalonné l'Histoire, la Belle des Champs est mystérieuse, inaccessible, impénétrable: d*epuis le temps qu'on attend*. La baguenaudeuse qu'est la Belle des Champs n'est pas une butineuse, encore moins une nymphomane et en aucun cas une campagn'hard. C'est une femme qui se mérite. Il faut, comme *Le Chevalier à la Charrette*[1], pour la conquérir prouesses et exploits. Ainsi apparait le rural où se pratique dans l'harmonie l'altérité entre les sexes. Ici pas de trace de l'homme déconstruit de Sandrine Rousseau. Ici le barbecue est viril[2], et alors? Ici la saucisse est assaisonnée, c'est comme ça qu'on l'aime!». Applaudissement général! Pablo salue, s'enivre des bravos et comme un artiste qui regagne les coulisses, tire sa révérence.

Richard Gotainer nous plantait une campagne peuplée d'une jeunesse conquérante et audacieuse. Ce temps est lointain. Aujourd'hui Karine Lemarchand nous impose le spectacle de ruraux flasques et ventripotents. *L'amour est dans le pré* donne à voir aux français des bouseux qui inspirent au mieux la condescendance, au pire la pitié. L'émission connait un grand succès. Peu à peu s'imprime dans la population française, urbanisée à 80%, l'image d'une ruralité vaincue. On donne à voir aux urbains le spectacle de ruraux déclassés.

On n'est pas loin de ces riches occidentaux, qui lors d'un safari, au détour d'une partie de chasse, assistent à la pathétique représentation d'une tribu Massaï exécutant, sur ordre et force dollars d'un tour opérateur, des danses rituelles. Qu'il soit de Bondy, avachi devant sa télé, ou de Neuilly, voyeur au volant de son Range, *l'homo-festivus* est insatiable. Je milite (il n'y a pas de

---

1. *Lancelot ou le Chevalier à la Charrette*: roman courtois écrit par Chrétien de Troyes entre 1176 et 1181.

2. Référence aux propos de Sandrine Rousseau qui le 27 août 2022 sommait les hommes de «changer de mentalité pour que manger une entrecôte cuite sur un barbecue ne soit plus un symbole de virilité».

petit combat !) pour déchoir Karine Lemarchand de son grade de chevalier de l'ordre du Mérite Agricole qu'un ministre de l'agriculture, vautré dans l'entre-soi du people/politique/média, a bien voulu lui remettre et réclame concomitamment *le poireau*[1] pour Richard Gotainer !

1. Surnom donné à l'Ordre du Mérite Agricole.

L'INSTANT D'UNE CAMPAGNE

Oiseaux de passage

Le sujet de la désertification médicale n'a pas été absent des débats et des propositions qui ont nourri la campagne pour l'élection présidentielle, reconnaissons-le. Pour ma part je considère qu'il faut s'en féliciter. Au moins le thème a-t-il été abordé et reconnu comme une problématique de fond dans les territoires ruraux. Pour d'autres ; les fatigués de la démocratie, ceux à qui on ne la fait plus (on peut les comprendre) tout cela n'était rien d'autre qu'une manifestation de plus du cirque médiatico-politique. Comme toujours, beaucoup de volonté affichée, de promesses la main sur le cœur, beaucoup de « yaka », « faucon » … insaisissables volatiles. Volatil ? et si c'était le bon mot pour caractériser le matériau dans lequel sont forgés les engagements de nos candidats.

Les délices de l'instant

C'était promis, craché, juré, un pacte avec mes lecteurs fondu dans le métal le plus inaltérable. Le temps court toujours bannira. À la petite phrase jamais ne cédera.

Mais la chaire est faible, la volonté alliage friable, la gourmandise péché mignon et commenter l'instant si délicieux…

L'instant Arthaud

Au moins Arlette, on avait fini par la trouver sympathique.

L'instant Poutou

Quelques fois, lors de ses déplacements et réunions publiques sa protection est assurée, discrètement, par des policiers ou des gendarmes. Ceux-là même qu'il traite d'assassins[1]. Petit mec.

L'instant Hidalgo

Rien.

L'instant Dupont-Aignan

L'agité du camp national.

1. « La police tue. Évidemment la police tue ». Déclaration de Philippe Poutou sur France Info le 13/10/2021

L'instant Roussel

Ah, si la campagne n'avait pu ouvrir le droit d'entrer en lice qu'à des Roussel ! Il a le panache d'un cadet de Gascogne ce représentant du populo. Cyrano et d'Artagnan pour compagnons plutôt que Béria et Bakounine pour camarades. Il est vêtu de cape et partage bonnes ripailles avec Porthos. Il manie la dague et l'épée au service d'une France insouciante, *des jours heureux*[1]...

Il en fait tourner des têtes notre flamboyant mousquetaire, à droite notamment ! Restons en garde. En tout petit, bien à gauche sur ses affiches, figurent la faucille et le marteau du massacre de masse et de l'anéantissement de la liberté des peuples.

L'instant Lassalle

Considérant le piètre plateau d'acteurs qui nous était présenté pour l'édition 2022 de l'élection présidentielle j'avais prévu de voter pour lui. Sa position libérale sur la légalisation du cannabis m'a dissuadé.

Sûrement parce qu'il est rural et sans doute pyrénéen, il sait voir loin, par-dessus. Cela lui vaut, dans le petit monde politique, une réputation d'intrus, d'illuminé, de dérangé. Il est prophète, inaccessible.

L'élection passée, sa décision est prise, il se retire de la vie politique. Sa voix nous manquera.

1. « La France des jours heureux » : slogan de campagne de Fabien Roussel.

L'instant Jadot

On a déjà oublié son nom. Le seul exploit qu'on retiendra de sa campagne est d'avoir fait de Sandrine Rousseau, son opposante, une star.

L'instant Pécresse

En définitive je me suis rabattu sur elle. Si j'ai opté pour un bulletin qui porte son nom, je ne considère pas pour autant que j'ai voté pour sa personne. C'est par fidélité à une famille que je sais être la mienne et qui aura beaucoup donné pour la France que j'ai choisi le coupon Pécresse. J'ai voté comme on jette un dernier pétale de rose sur un caveau encore ouvert, comme on glisse un adieu dans une urne, funéraire en l'occurrence.

On savait que la primaire ne produisait que du médiocre. Hollande nous en avait apporté la démonstration, Pécresse nous en donna la confirmation. Le soir de son élection par le groupuscule des militants LR, sa première déclaration est pour nous parler d'elle et non de la France. Elle évoque son histoire mais ne convoque pas l'Histoire. Elle insiste, cette élection c'est l'histoire d'une vie, mais sa vie on s'en fout, ce qui nous intéresse c'est la France. Elle en rajoute, l'important, le fait majeur, affirme-t-elle c'est qu'elle soit une femme. Comme si par le seul fait de son genre elle était la personne de la situation. Je crains qu'elle s'en soit convaincue.

Elle est petite fille modèle, versaillaise sage. Elle sait par cœur sa leçon. Bauloise l'été, elle ne connait de l'océan que le clapot. Mais on a besoin de haute mer Madame, de rêve de voyage, d'envie d'abordage ! « Dame de faire », elle nous sert à loisir la fable des « diseux » qu'elle raille, qui selon elle parleraient beaucoup mais agiraient peu et des « faiseux » qu'elle célèbre, puisqu'elle prétend en être l'incarnation, qui auraient la volonté et le courage de faire. C'est grossier. C'est la négation même de la politique. Valérie, on a besoin des deux : des « diseux », comme des « faiseux », du discours comme de l'action, du dire comme du faire. C'est le mal de notre époque. On n'a plus de prophète en politique. C'est devenu le petit monde où règnent en maitre les seuls experts et techniciens. Du coup non seulement on ne s'en sort pas mais en prime on s'emmerde à mourir. Saisir les opportunités qui se présentent, identifier la menace et trouver les parades pour la contrer c'est certes nécessaire mais en tout point insuffisant si on tait le rêve qui nous transportera.

L'instant Zemmour

Il est brillant, c'est incontestable. Beaucoup d'autres le sont et pourtant n'ont pas droit à autant d'exposition. Il est, bien qu'il s'en défende, une fabrication de toute pièce des médias. Ils l'ont fait. Ils vont le défaire. Effrayé par la créature qu'il avait engendrée et s'apercevant qu'elle grossissait au point de le menacer, le microcosme médiatique rétropédala, machine arrière toute ! Il fallut trouver quelques experts en basses besognes, des journaleux aux méthodes pas très clean. Amstramgram c'est toi qui fera le sale, Bouleau[1]. Le présen-

1. À la sortie de 20H00 de TF1 le 30 novembre 2021, estimant s'être fait piégé par Gilles Bouleau, qui selon lui n'avait posé aucune question sur son programme, Éric Zemmour traita le journaliste de « connard ».

tateur vedette du vingt heures de TF1 s'y colla. Conviant un soir Monsieur Z à sa table, il l'exécuta consciencieusement, méthodiquement. Il coupa les fils du pantin, désarticula la marionnette. Ce fut le début de la fin du Grand Guignol.

En province, dans les dîners de la petite bourgeoisie de tradition, il rallie les suffrages le Zemmour. La maitresse de maison est sublime, rayonnante. Sereine, elle sait sa soirée réussie. Ce n'est pas ce soir qu'un convive mettra sur la table l'un des deux sujets qui plombent les retrouvailles entre bons amis : les éoliennes et le vaccin anti-covid. Zemmour occupe toute la place, l'enthousiasme est général, l'unanimité de mise. C'est le *grand emballement.*

Je partage certains de ses constats : le délire immigrationniste de notre classe dirigeante, l'obsession à déconstruire nos références culturelles, la pente du déclin sur laquelle nous sommes engagées, le libéralisme économique qui ne peut avoir pour ligne de fuite que la société libertaire… Je n'adhère en rien à son projet. Il manque de cœur et de générosité. Zemmour cultive un trouble obsidional. Possédé par la fièvre de l'assiégé, il vocifère *reconquête.* Il ne raisonne que barrières et forteresses. Il est pour une France de la réclusion.

Zemmour assène qu'on ne peut gouverner à l'affect. Il a raison. Il en déduit qu'on peut présider aux destinées d'un peuple sans connaitre les sentiments profonds qui l'étreignent. Il a tort. J'étais avec Christian, le jour où les bénévoles de l'antenne locale du secours catholique ont réceptionné les premiers colis de la collecte organisée pour l'Ukraine. J'y ai vu une jeune maman avec son enfant venant déposer un jouet. Au-delà des quelques mots échangés il y avait de la gravité, de l'émotion. Aucune posture, rien n'était feint. Juste la conscience de la générosité que nous, les nantis, les privilégiés, devions apporter aux affligés. Zemmour n'a jamais été élu, son handicap majeur est là. Il ne sait rien des sources, rivières paisibles, méandres, torrents furieux de montagne, fleuves au long cours… qui coulent dans les veines du peuple de France. Il a la suffisance d'un sachant qui ne connait de la politique que ce qu'il en a lu dans les livres.

L'instant Mélenchon

Il a gâché Méluche, comme toujours. On dit de lui qu'il a l'étoffe qui fait les grands. Il a le verbe haut, fort, brillant, éclairé prétend-on par une culture vaste et fine. Sur ce dernier point je ne sais pas. Y a-t-il une épaisseur sous le vernis ?

Il sait aller contre, transgresser, marcher seul. Il l'a prouvé en rompant avec ses amis socialistes et en traçant son propre chemin. C'est rare aujourd'hui. Je ne lui reproche pas d'être un tribun. Je peste assez contre le monde politique qui est devenu le petit club des seuls technos et scribouillards. Non, je lui fais grief de ne pas mobiliser son talent à bon escient. Il s'ingénie à exciter la foule et non à transcender le peuple, rassembler la France. Peut-être lui manque-t-il une guerre de 14, pour comme en 17, derrière Clemenceau le bouffeur de curé, le laïcard, révéler *le Père la Victoire*, le sauveur de la nation.

Il brosse la masse musulmane dans la sens du poil en la considérant comme un lumpenprolétariat. Il se trompe d'époque. Il n'a pas compris qu'en l'espèce au XXIe siècle Allah était plus fort que Marx et qu'après le temps de la lutte des classes était venu celui de l'affrontement des civilisations. Ce n'est pas une erreur de sa part, c'est une faute. Contre la République. Une trahison de la Nation. Il est parjure Méluche.

L'instant Le Pen

Elle n'a pas eu ma voix. Le riquiqui, le rabougri très peu pour moi.

Comme d'habitude elle s'est présentée
Comme d'habitude elle s'est ramassée
Comme d'habitude elle ne pouvait pas gagner
Comme d'habitude tout le monde le savait
Comme d'habitude on a fait semblant
Comme d'habitude c'est désespérant
La Le Pen attitude
La France comme d'habitude

Elle n'a pas été élue. Elle ne pouvait pas l'être. C'était su par tout le monde dès le départ. Ça fait quarante ans que ça dure avec la famille Le Pen. La Le Pen compagnie, c'est l'assurance-crédit de la France ventre mou.

L'instant Macron

J'ai opté pour le blanc et non le « en même temps ». Fait le choix du clair et non du faux semblant.

Il nous a refait le coup de l'extrême droite, Macron, de la menace fasciste à nos portes. C'te bonne blague ! Pas jeune la ficelle, mais encore suffisamment grosse pour ne pas casser quand on tire dessus, même fort. Tirant parti de cet exercice de forçat du dimanche, notre *Chéri-Bibi*[1] candidat président s'est exonéré de présenter un projet pour la France. Il n'a pas fait campagne. Avec « voter pour ma gueule » comme seul programme, il s'est carrément foutu de la nôtre. Où nous mène-t-il notre petit prince de l'ambiguïté ? Le sait-il seulement ce triste sire de l'opportunisme ?

Dans mon camp, au final, beaucoup ont basculé Macron. C'est la vérification par l'exemple de la *loi de Pablo*. À mon corps défendant je dois reconnaitre une crédibilité certaine à cette règle d'airain que Paul, avec sa science innée de la politique, serinait à mes oreilles. « Olivier au bout du bout, face à l'urne et à sa conscience, le type de droite fera toujours le choix ultime du portefeuille plutôt que celui du cœur ». Dès lors, s'il a la certitude que le régime ne mettra pas à mal ses intérêts particuliers l'homme de droite, soucieux pas nature du maintien des équilibres, fera son choix en bon assureur de province. Le vote Macron, c'est un vote petit bourgeois, Louis Philippard. Dormez tranquille braves gens, aucun sursaut à l'horizon. Nous poursuivrons notre descente sur la douce pente du déclin. Les signaux faibles sont là. Ils disent, à défaut d'audace, l'inéluctabilité de notre déclassement. Le déficit abyssal de notre commerce extérieur qui est le tribut payé à la désindustrialisation du pays et le constat de notre incapacité grandissante à créer de la richesse. La faillite de notre système éducatif qui ne parvient plus à hisser

1. *Chéri-Bibi*: roman de Gaston Leroux (1913). Accusé d'un crime qu'il n'a pas commis, Chéri-Bibi s'évade du bagne. Libre, pour échapper à toute poursuite il se grime et prend sans le savoir les traits du véritable assassin. Qui est Chéri-Bibi ? Innocent et en même temps coupable ? Ange et en même temps démon ? Manipulé et en même temps manipulateur ?

nos enfants et nos jeunes ne serait-ce qu'au niveau moyen des standards internationaux. La décomposition avancée de notre système de santé. Et à l'image de l'Italie qui voit ses diplômés s'exiler en masse, le départ à l'étranger d'un nombre croissant de nos talents et de nos jeunes les mieux éduqués.

L'INSTANT D'UNE LÉGISLATIVE

Patatras, Jupiter s'est fracassé sur terre ! C'est la descente aux enfers du météore filant, du prince méprisant, de l'ignorant des sans dents. À force d'éliminer tous les raisonnables qui ne sont pas de son camp pour se constituer comme seule fore centrale, il se trouve pris en tenaille entre les extrêmes. Au plus à droite et plus à gauche de l'hémicycle il n'est rien à faire pour les cinq ans (ou peut être moins) qui viennent, si ce n'est attendre que les crocs acérés de la pince se referment. Ce n'est plus qu'une question de temps, ils vont broyer le président inconséquent.

LES RETROUVAILLES

La filière roumaine

À Moutiers-les-Fidèles on ne lâche rien, notamment en ce qui concerne le recrutement du second médecin généraliste qui nous manque. Après le tapinage en banlieue aux résultats calamiteux, sur le fond comme sur la forme, nous avions décidé de rester aux aguets. Une piste se dégagea. Un article paru dans Ouest-France évoquait une commune rurale de Loire Atlantique où un dentiste roumain s'était implanté avec le concours de la mairie. Le jour même, j'appelai le maire. Il m'expliqua qu'une de ses administrées, roumaine d'origine, depuis peu dans la commune, assistante dans un cabinet de médecine générale à Nantes, avait gardé dans sa région natale un bon réseau parmi les professions médicales. Sollicitée par le maire, elle accepta d'en faire bénéficier sa commune d'adoption.

Je la contactai, elle répondait au prénom d'Irina. Je compris vite qu'elle avait fait de la mise en relation entre docteurs roumains et territoires français en carence, une profession secondaire. Elle monnayait son carnet d'adresse. Pourquoi pas. Elle faisait un peu plus en vérité. Une fois un contact identifié, puis ferré, elle accompagnait son installation, facilitant les démarches avec les institutions et les autorités de tutelle, la recherche de logement, les explications nécessaires quand la langue était un obstacle…

Moutiers-les-Fidèles conclut une convention avec elle. La rémunération était tout à fait correcte. Elle n'était due qu'au résultat, ce qui tranchait avec les autres cabinets chasseurs de toubibs étrangers qui ont pignon sur rue. Avec eux, c'est 50% d'acompte dès la signature, et pour certains d'entre eux 25% supplémentaire au bout d'un an pour financer les démarches engagées (ou prétendument engagées) même lorsque vous n'avez toujours rien à vous mettre sous la dent.

Il ne restait qu'à attendre et croiser les doigts. La première touche se révéla infructueuse. Il s'agissait d'un médecin roumain déjà implanté en France qui cherchait à se déplacer. Le cas était assez classique, nous avions à faire à un chasseur de primes plus qu'à un soignant. Attiré par les soutiens financiers octroyés par les ARS dans les zones sous-dotées, certains praticiens faisaient « leur tour de France ». Tous les cinq ans, après une première installation, quand s'ouvraient de nouveaux droits, ils cherchaient une commune, bonne poire, qui pourrait les accueillir. Nous ne mangions pas de ce pain-là.

Le second contact fut le bon. Le candidat était une candidate. Madalina avait connu en France une première expérience. Ce fut un échec douloureux. Approchée par un cabinet sans scrupule, elle avait été placée dans une commune au cœur d'un bassin industriel de la Vallée du Rhône. Ici toute une population, sans papier, immigrée, exilée, désoeuvrée, errait pour certains, exploitée à vil prix, trimait pour les autres, au service de la puissante économie locale. Des associations de secours, forgées par de lointaines références au communisme ou à la doctrine sociale de l'Église, avec beaucoup d'humanité, servait la soupe à ces malheureux – et au patronat par la même occasion ! Je suis trop con pour comprendre, un jour, vraiment, il faudra qu'on m'explique les ressorts de ce mariage à trois qui unit dans un même objectif le goupillon, le grand capital et le couple formé par la faucille et le marteau. Sainte alliance des complices, fâcheuse Triplice.

Commise d'office auprès de ce lumpenprolétariat qui désespère dans notre France du XXIe siècle, Madalina était condamnée à perpète à *faire de la patientèle CMU*[1]. Barrière de la langue, fossé culturel, problèmes plus d'ordre social que médical en vérité, violence... notre médecin roumaine craqua. La quarantaine, seule, loin de chez elle, de ses deux enfants restés chez les grands parents... elle était au bord du gouffre. Il fallut à Irina déployer des trésors de patience et d'humanité pour la convaincre de tenter une nouvelle chance en France.

Nous avions bien préparé notre premier rendez-vous avec Madalina, organisé à Moutiers en compagnie d'Irina. Nous voulions mettre tous les atouts de notre côté. Nous nous étions fixés trois objectifs. Tout d'abord, nous voulions démontrer que dans le contexte du moutierrois où la commune jouait un rôle de petite centralité un second médecin généraliste trouverait une patientèle conséquente immédiatement, dès son installation. Lors de notre rencontre à la mairie avec une partie de l'équipe municipale, nous présentâmes Moutiers, les communes voisines, la dynamique démographique locale, le nombre de praticiens en exercice, dont ceux, concernés prochainement par un départ pour cause de retraite et la perspective de leur non-remplacement...

Cependant, rien ne vaudrait l'échange avec notre médecin généraliste. À quelques peu d'années de la retraite, il joua pleinement le jeu de l'accueil d'une nouvelle collègue. Je veux lui rendre hommage. Dans ces professions qu'on décrit trop facilement comme individualiste, il défendit l'intérêt supérieur du territoire. Il fut une pièce maitresse dans la réussite de *l'opération Madalina*.

---

1. Couverture Maladie Universelle remplacée depuis 2016 par le Protection Universelle MAladie (PUMA)

D'autres acteurs furent mis dans la boucle, pharmacien, infirmières, dentiste… ils furent parfaits. Au cours du déjeuner qui tous nous réunit, Madalina sur la réserve jusqu'ici – on peut la comprendre au regard de son expérience précédente – se détendit. Des entrées aux desserts en passant par les plats et vins, vendéens de rigueur! les conversations professionnelles firent place à la convivialité. On apprit à mieux se connaître. Quelques bonnes histoires et rires fusèrent. La mayonnaise prenait, c'était notre second objectif. Jouer collectif. Convaincre Madalina, qu'ici elle serait certes un médecin mais aussi une moutierroise à part entière. Jamais seule, elle pourrait bénéficier du soutien de la communauté médicale et au-delà d'une solidarité de tous.

Il fallait aussi, et peut-être surtout, séduire. Montrer nos pépites et nos lieux favoris, la beauté des paysages, la douceur de vivre, mieux encore, combien nous étions attachés et fidèles à ce pays. Il y eut l'inévitable visite des halles de Moutiers, temple rural de bois et de pierre que nous chérissons, ses quarante et une colonnes calcaires et puis la forêt de sa charpente qui depuis près de mille ans conservent les secrets des hommes d'ici.

De plus en plus en confiance, Madalina nous dit son souhait de voir l'océan. Non pas la mer, qu'elle avait aperçue pour la seule fois il y a près de trente ans, lors d'un voyage scolaire à Tulcea entre delta du Danube et Mer Noire, mais l'Atlantique avec son air qui enivre et l'horizon qui invite au grand large. Longtemps, avec Irina, elle s'isola pour marcher, toutes deux pieds nus le long du rivage. Nous comprîmes que c'était le moment de la décision. Sans les interroger nous sûmes que la cause était gagnée.

Au retour de Madalina, un mois et demi plus tard pour son installation définitive, je me souviens avoir été marqué par la pauvreté de son bagage, son presque dénuement. Nous avions loué à notre compte un petit véhicule utilitaire pour faciliter son déménagement. À son arrivée, il était presque vide. Madalina avait quarante ans, bien éduquée, brillante... et elle n'avait rien d'autre qu'une vie d'exil. Une chère patrie, loin désormais, des amours et des amis qu'elle avait dû laisser. La roue de l'Histoire, impitoyable, a distribué parmi les enfants de l'Europe, misère et fortune. Nous étions ceux de l'Ouest, nantis et insolents, inconscients de l'injustice subie par nos frères de l'Est.

Tous firent comme ils avaient dit. Du côté de la mairie on s'occupa du logement. Un loyer à prix d'ami fut négocié. Irina s'attacha à engager et suivre les démarches nécessaires à l'ouverture du cabinet. Notre médecin généraliste prit le relais, attentif, il était disponible dès que Madalina le demandait. Beaucoup d'autres participèrent à la réussite de l'aventure.

Une période de rodage fut nécessaire pour que Madalina prenne pleinement ses marques. Son français était correct sans être parfait. Elle et ses patients durent prendre le temps nécessaire pour s'apprivoiser. La médecine est histoire de culture et d'intimité, Celle des personnes, des familles et des corps... Trois ans après son implantation Madalina s'est fait mieux qu'une place, elle est reconnue et appréciée. Il est question que ses enfants la rejoignent et s'inscrivent au collège de Moutiers.

J'ai tenu à vous raconter l'histoire du recrutement de Madalina. Notre démarche fut indiscutablement couronnée de succès, pour autant je n'étais pas pleinement satisfait. Il y avait dans notre action quelque chose de pervers, de la complaisance, voire de la collaboration avec un système fondamentalement vicié. Les communes rurales, abandonnées à leur sort, sont contraintes de se livrer au trafic pour débaucher des médecins étrangers. C'est la réalité de la France d'aujourd'hui, pays riche, puissance mondiale, incapable de dispenser à sa population un niveau de soins correspondant à son rang. La Roumanie pleure ses élites, pillée par une France égoïste et inconséquente. Quelle honte !

ENCHANTONS-NOUS

Je ne peux m'empêcher de voir dans *le printemps roumain* de Moutiers-les-Fidèles un motif d'espoir. L'espoir, voilà un chemin à tracer ! Une ligne de crête en vérité, par les temps qui courent, bordée de périls. À gauche le miroir aux alouettes, tendu au-dessus du gouffre par la *solutionnite*. À m'y fondre je m'y confondrais. À droite, le précipice vertigineux du point final. Nous nous quitterions ici cher lecteur. Au bout du chemin escarpé, la béance et non l'enivrante voie semée de pétales de rose.

Finir de façon aussi abrupte confinerait à l'escroquerie. Ainsi me rangerais-je du côté des écrivains (pas toujours à succès) qui remplissent les corners des librairies. Ceux qui font commerce du déclin français sur l'air du *c'était mieux avant*. Leurs ouvrages sont souvent brillants mais on est saisi, dans cet exercice à huis clos, par leur incapacité crasse à trouver une porte de sortie. Quand on referme ces bouquins une interrogation vient immanquablement : and so what ?

Père gardez-vous à gauche, Père gardez-vous à droite ! Un autre danger, non latéral mais bien frontal nous guette, celui de la démission, voire de la *soumission*[1]. Il trouve son ressort dans la fatigue, la lassitude… Sur la pente, décidemment trop rude,

1. *Soumission* : Michel Houellebecq, Éditions Flammarion (2015)

on met tout à terre, sac comme bonhomme. On se désespère alors, tout en s'y complaisant, de la faillite de l'Occident et de l'anéantissement de l'idéal, de la disqualification de la référence judéo-chrétienne, quand la doxa cède la place à la sunna. On regrette la fin des paysages, on observe, passif, le passage de la lame niveleuse du marché, on glose sur la fatigue sexuelle de nos contemporains… Si vrai, mais tellement stérile. La gauche, entre soupe à la grimace et rire jaune, goûte du bout des lèvres. Elle salue l'artiste qui a sculpté sa gloire en ouvrant ce sillon, mais ne peut s'avouer que le monde déconstruit qu'il présente est celui qu'elle a mis tant d'énergie à façonner. La droite adore, vénère… possédée qu'elle est de nos jours par les passions tristes : décliner, *anéantir*[1]…

L'abandon peut aussi être motivé par le refus de faire face, le privilège fait à l'évitement au détriment de l'affrontement. C'est le choix de la fuite, le regard porté très loin vers l'exil. Mais à ne pas prêter attention à ses pieds, on risque de trébucher sur les cailloux saillants et de basculer dans le vide. On pourra y admirer les immensités sibériennes et philosopher sur la beauté du monde, ou cultiver, dans d'interminables affûts pour débusquer *la panthère des neiges*[2], sa vérité intérieure ; ou encore, au cœur de l'inextricable selva guyanaise, à grands coups de machette, s'épuiser pour mieux s'éprouver… *La Patagonie* pour seul Royaume, l'outre-frontière pour unique empire… C'est sublime et tellement tentant !

Ainsi la conversion intérieure serait le seul chemin. Il faut travailler à la sienne et implorer le ciel pour celle du cœur de ses compatriotes, de l'humanité toute entière pourquoi pas. C'est pour ça qu'on écrit, je suppose. Tout acte d'écrire

---

1. *Anéantir* : Michel Houellebecq, Éditions Flammarion (2022)
2. *La panthère des neiges* : Sylvain Tesson, Éditions Gallimard (2019)

contient une prière, ne peut se réduire à un plaisir égotique. Pour moi, indécrottable mortel, la glaise qui me colle aux pieds m'interdit l'accès aux nuées célébrées par les psaumes de cette nouvelle promesse. D'escalade en varappe, on ne peut passer sa vie d'adulte à jouer les boys scouts. Tintin petit reporter au grand *Grand Vingtième*, c'est bon pour les 7 à 17 ans ! Pour le reste, il y a la France dont il faut s'occuper bordel !

Je suis top fan de Sylvain Tesson pour lui faire l'injure de le réduire à son job de coach pour développement personnel auquel il émarge trop souvent à mon goût. C'est quand il crapahute *sur les chemins noirs*[1] de France, qu'il y célèbre le rural profond, ou qu'il crie, seul, pour sauver l'Arménie qu'on assassine[2], que je le préfère.

La *solutionnite* comme impasse, le découragement proscrit, la fuite pour sens interdit… voies sans issues, perspectives bouchées. Comment croire, espérer ? L'espoir ? il faut la volonté de le cultiver. C'est avant tout un état d'esprit, une attitude et non l'obsession à traquer *hic et nunc* la réponse, la formule magique. Soyons légers et graves plutôt que lourds et désinvoltes. Ayons l'élégance, le style, la générosité avant toute chose pour conduite. Au bar des amis – tous ceux qui aiment la liberté et le débat – sachons nous émerveiller, nous enchanter de la France et du monde, il n'est plus belle et pertinente façon de le réensemencer, plutôt que de nous vautrer au comptoir, solitaires, fin saouls.

Bannissons le temps court, les coups sans lendemain et le tweet, qui pour un quart d'heure de gloire médiatique ou

1. *Sur les chemins noirs*, Sylvain Tesson, Éditions Gallimard (2016)

2. *Monsieur le Président les arméniens vous appellent*: lettre de sylvain Tesson adressée à Emmanuel Macron le 10 octobre 2022.

numérique, confèrent durablement une réputation très ordinaire. Soyons déterminés et constants pour rebâtir un socle solide. Retrouvons le peuple et réinvestissons le territoire. Préparons leur renouement, réjouissons-nous de leurs épousailles, célébrons leur souveraineté retrouvée.

Une disposition d'esprit à adopter, une volonté de faire, un cap défini à suivre, les préalables requis sont là. Manquent encore les moyens de l'action, les points d'appui pour faire levier. C'est au niveau local qu'ils se trouvent. La géographie, les paysages, l'histoire, les usages, l'architecture, les monuments, la gastronomie... de nos territoires doivent être considérés non en tant que tels mais comme élément faisant partie d'un tout. Ils sont chez nous les fondations qui supportent le national, ils concourent à la majesté de l'édifice et, ce faisant, doivent être enseignés et chéris à ce titre.

Le Ruisseau du Troussepoil qui traverse Moutiers, son cours, sa vallée... n'est intéressant que par ce qu'il rejoint le Lay qui lui-même se jette dans l'Atlantique. C'est un merveilleux point de départ quand on est élève de Moutiers-les-Fidèles pour découvrir la faune et la flore endémique, puis la façade maritime française, ses mers, ses oiseaux, ses poissons, ses ports, l'activité des hommes... Quel voyage !

À partir de l'histoire de Félicien Martineau dont le nom est inscrit sur le monument aux morts de Moutiers-les-Fidèles on étudiera la Grande Guerre, l'héroïsme des hommes, la boucherie et les tranchées, la mobilisation de la nation, le jeu des alliances, le rapport des puissances, le suicide de l'Europe...

Quant aux produits locaux, mogettes, rouge de Mareuil ou rosé de Brem, ils ouvrent la voie à la connaissance de la diversité culinaire, de la richesse agricole de notre France métropolitaine et d'outre-mer...

Il faut cultiver le local sans rien céder sur le national ; affermir le local pour mieux conforter le national. Faire le pari long des jeunes générations, convaincu de l'idée que les attachements locaux sont le ferment de l'engagement citoyen, de la mobilisation au service de tous, de la prise de conscience nationale ; qu'il s'agit là d'un soubassement aux vertus permanentes et universelles, que demain la vie de ces jeunes, devenus adultes, soit ici ou ailleurs.

Rendez-vous au Paradis

Le Paradis, c'est chez nous. À quelques kilomètres de Moutiers pour être honnête. Nous nous y retrouvons un vendredi soir d'octobre. Le maire de Saint-Romain-en-Moutierrois a tenu à marquer le coup. La réouverture du café-restaurant, fermé depuis presqu'un an, dans cette commune de moins de 400 habitants, est un événement suffisamment important pour qu'on mobilise pompes et trompettes. Les élus des communes alentour, par amitié pour leur collègue maire et conscients de l'enjeu qui se joue ont répondu présent.

Le patron a bien fait les choses, cocktails aux petits soins, et puis faits maison, petits fours aux petits oignons. Tout le monde a mis la main à la pâte, son épouse, la salariée, les enfants et une voisine. Pour lui c'est un choix de vie. Classique, c'est une tendance qui s'affirme. Cadre dans un grand groupe basé à Nantes, toujours en déplacement, la pression, la course en avant aux nouvelles technologies, une vie familiale en pointillé.... Quand à l'époque du développement durable, l'économie et son management imposent les conditions de la famille jetable. Basta! C'est décidé, ensemble, lui et son épouse basculent. Cuisinier éclairé, il se met en quête d'un restaurant à reprendre.

Son choix s'arrête sur *les Mimosas* à Saint-Romain, qu'il a tôt fait de renommer le Paradis, comme la promesse d'une nouvelle vie au jardin d'Éden. Pour sa femme, parce que le pari de la viabilité du restaurant est risqué, c'est dans un premier temps un choix professionnel assumé et de raison qui est fait. Cadre elle aussi, dans le marketing, elle a peu de chances de trouver dans les environs un job semblable en intérêt comme en rémunération. Elle sera ouvrière en production dans une PME implantée à quinze kilomètres de là, spécialisée dans la fabrication de pattes de fixation pour la menuiserie industrielle. Horaires fixes, libérée à 17h00, elle pourra aider son mari. Le socle industriel vendéen, puissant et dynamique, composé de PME positionnées sur des activités très diverses et ancrées dans le territoire a des vertus. Certes il n'offre pas toutes les possibilités de métier, mais il permet à toute une population de rester au pays et de cultiver un bien-vivre local.

C'est sympathique, chaleureux même. Nous sommes heureux d'être là, réunis pour encourager une initiative, saluer une aventure audacieuse. C'est promis, on veillera sur le nouveau-né, on passera régulièrement prendre un verre ou déjeuner. On trinque, les verres s'entrechoquent puis se lèvent.

Quelques mots sont dits. Le maire est tout en remerciements. Trop modeste, il ne dit rien de sa contribution, essentielle, dans la réussite de la reprise. Le président de la Communauté de Communes corrige l'injustice, rappelle la mobilisation incessante de la commune pour relayer dans tous les réseaux d'influence l'information sur la cession du café-restaurant. Il souligne la ténacité du maire pour capter les quelques aides régionales et le rôle de facilitateur joué pour permettre le logement de la famille arrivante.

Un bon copain est dans l'assistance. Il a une résidence secondaire dans le coin, près de la côte. Sa résidence principale est à Paris. Une voisine l'a invité sur le thème : « le Paradis organise une soirée porte ouverte, tout le monde est bienvenu. » Il s'est pointé, par curiosité. On se retrouve, il s'amuse de ma présence et me chambre : « Décidément, bien cool cette vie d'élu local ; de vin d'honneur en canapés, toujours une bonne occasion pour se jeter un petit verre derrière la cravate ! » Je renonce, comme si souvent, à monter au créneau, nos mondes sont tellement éloignés. À quoi bon expliquer à ce consommateur du territoire, qu'à mes yeux, nous vivons un grand événement dont la portée légitime pleinement notre rassemblement d'aujourd'hui. Ce soir, on célèbre une commune, un confetti de territoire français qui affirme ne pas vouloir mourir : « Ici à Saint-Romain-en-Moutierrois, on tient ferme un nœud de la maille rurale française qui s'effiloche tellement par ailleurs. On tisse une trame de solidarité, de convivialité, de bien vivre ; tout simplement le bonheur d'être français. Voilà ce à quoi on assiste ce soir, mon ami. C'est énorme ! Et je ne vois aucun média, aucune chaîne parisianiste d'information continue ! »

« Combien ça coûte tout ça ? » Je le sens revenir à la charge le bon copain. « Quelques aides régionales, un loyer, j'ai compris, pris en charge pour partie par la mairie. Tout ça avec nos impôts... c'est du joli ! Tellement facile de faire la fête avec l'argent des autres ! » Je suis toujours surpris et consterné de voir les citadins, si intelligents dans leur milieu, devenir très cons dès qu'ils franchissent le périph et arrivent en province.

Enfin quoi, il y aurait en ville, des français qui pourraient siroter un petit jaune à moins de dix minutes de chez eux, accéder à pied à leur boulangerie, disposer de services administratifs à portée de main, consulter un médecin facilement… et d'autres, en un mot les ruraux, les sous-français qui n'auraient pas droit à tout ça ?

Combien ça coûte? me demandes-tu. « Maintenir un bar-restaurant à Saint-Romain, non seulement ça ne coûte rien mais ça rapporte beaucoup. Un pays qui perd la maille fine de son territoire, qui part en lambeaux, ça coûte très cher. Le prix d'un tricot qui prend la forme d'un gilet jaune, si tu vois ce que je veux dire. Le montant de la facture : 17 milliards d'euros ! Et ce n'est qu'un premier acompte à mon avis. Allez trinque, bienvenue au Paradis l'ami ! »

Lettre à Monsieur le Président des Maires de France

À l'issue des conseils communautaires, c'est une règle immuable, un pot rassemble les élus. C'est un moment privilégié d'échanges, sur tout et rien, vie locale autant que personnelle, soucis et joies du quotidien. Au cours d'un de ces « after », un maire me fait part de ses difficultés au sujet de la cantine scolaire. Une famille de confession musulmane implantée depuis peu, exige un menu spécifique, compatible avec ses convictions religieuses. Cette discussion me renvoya à une lettre, restée sans réponse, que j'avais écrite il y a quelques années à François Baroin, alors Président de l'Association des Maires de France qui avait publié un opuscule sur la laïcité.

« Monsieur Le Président,

Sous votre autorité, l'Association des Maires de France publie un vade-mecum de la laïcité[1]. Ce document, à destination de tous les élus a pour objectif de les aider, dans l'exercice quotidien de leur charge, à faire respecter le principe de laïcité et à promouvoir « le vivre ensemble ». Dans ces temps troublés, où l'expression de la fraternité française est si difficile à diffuser, l'initiative est louable. Elle m'invite en tant qu'élu à vous adresser quelques remarques.

Selon vous, la neutralité doit être la règle absolue dans l'espace public. Vous faites de la neutralité le véhicule exclusif de la laïcité. Pour ne pas être satisfaisante à mes yeux, cette position a au moins le mérite de mettre à l'écart l'idéologie du multiculturalisme et du multi-ethnisme. Trente ans de désintégration de la société française ont vidé de toute crédibilité l'idéologie SOS racisme. L'amitié entre potes ce n'est pas la fraternité républicaine. C'est à ce titre que je me félicite que l'Association des Maires de France ne fasse pas de la valorisation des différences et de l'affirmation des cultures d'origine, le socle d'un bien-vivre ensemble entre communautés sous un toit commun. Vous affirmez d'ailleurs et j'en suis heureux, qu'il n'y a qu'une seule communauté, la communauté nationale. La communauté nationale est avec la Nation le bien le plus précieux de la République.

Malgré les mérites incontestables qu'il porte, le principe de neutralité ne peut cependant, j'en ai la conviction, être la règle qui permettra de faire nation commune. La République ne connait qu'une seule communauté et ne connait aucune religion. Sur cette base la neutralité apparait au premier abord le concept le plus satisfaisant intellectuellement. La République doit se tenir à

1. *Laïcité : le vade-mecum de l'AMF* (2015)

égale distance des religions, ne prêter le flanc à aucune critique de favoritisme ethnique. Avec cette politique, aucune crèche dans les mairies, ni fête à l'Hôtel de Ville pour la rupture du jeûne du Ramadan, ni location de salle publique pour la célébration de Roch Hachana… C'est imparable sur le papier, c'est aussi beau que la résolution d'un problème mathématique.

Oui mais voilà, patatras! Le peuple ne se met pas en équation. Il a des racines, une histoire, des ancêtres sous sa terre. Il a hérité de valeurs (religieuses ou non) qu'il transmet à son tour. Il vit dans des paysages que ses aïeux ont façonnés et qu'il modifiera aussi. Il est acteur d'un mode de vie qui définit son rapport aux autres et au monde… Bref il est le cœur et au cœur d'une civilisation. Je suis né en 1967, je n'ai donc pas connu le tocsin aux clochers de toutes les églises de France (et non au minaret des mosquées) qui sonne la mobilisation d'août 1914 et pourtant il résonne en moi. Je n'ai pas non plus écouté le bourdon de Notre Dame (et non l'appel du muezzin) qui fêtait la libération de Paris et pourtant je l'entends encore; mystère de la transmission, expression de la transcendance d'une nation. Pour notre peuple d'histoire, de sang, de chair, de sentiment, de tradition et de mémoire, la neutralité, concept désincarné et déshumanisé, ne peut être une règle à laquelle il se soumet.

Je connais la contre-argumentation: la neutralité se limite à l'espace public. Dans l'espace privé, toute expression d'appartenance religieuse, de particularisme, est possible. Ce raisonnement ne tient pas, car notre espace public, c'est notre civilisation elle-même. Dès lors, la règle de la neutralité, si elle devait s'appliquer, concernerait tous les pans de la vie de nos concitoyens. Des exemples peuvent être cités à l'infini. J'en prends quelques-uns. Les médias ont concentré leurs propos sur les crèches, mais que dire de la galette des rois, tradition chrétienne. Au nom de la neutralité, il serait opportun pour un président de la République et pour un maire de ne pas inviter ses concitoyens et ses administrés à la partager. Quant aux sapins, la bonne fée neutralité leur permettrait de couler des jours heureux en forêt en les exonérant de se faire enguirlander. Pour le Père Noël, il nous faudrait le convaincre que l'heure de la retraite est venue. Ceux qui ne voient dans ces expressions populaires que du folklore et non une référence religieuse devront nous dire pourquoi leur agenda correspond à celui de la fête de la Nativité. C'est au mois de décembre que notre papi préféré charge sa hotte et joue les ramoneurs et non en février.

Parlons de notre calendrier, espace public par excellence, qui rythme toute notre vie. Quel horreur, il est grégorien ! Supprimons bien vite le dimanche et retenons pour nos jours de week-end le mardi et le mercredi. Ces deux jours ne sont en effet référencés dans aucune religion comme jours de célébration. Sur ce sujet il est intéressant de rappeler l'échec du calendrier républicain. Voulu par les révolutionnaires, il n'a pas tenu quinze ans, le peuple ne se l'étant jamais approprié.

Le nom de nos villes et villages fait référence pour un très grand nombre d'entre eux à un saint patron. Saint-Nazaire, Saint-Dizier, Saint-Quentin, Saint-Étienne… Sainte-Féréole (oups j'allais oublier le quota féminin !). Je propose qu'une commission d'experts, nommé par le commissariat à la neutralité se voit confier la charge de rebaptiser (pardon de renommer !) ces communes. La mission ne saurait consister simplement à rayer la mention « saint » ou « sainte », il faut aussi écarter le prénom, lui-même étant d'inspiration chrétienne…

Ces quelques exemples démontrent que l'application de la règle de neutralité nous fera entrer dans le royaume de Kafka et Ubu réunis. C'est une France triste que vous nous proposez Monsieur le Président des Maires de France. Une France, sans valeur, sans référence historique (l'histoire est aussi un espace public). Une France détricotée. Une France que personne (notamment les populations nouvelles) ne peut aimer et de fait, une France qui ne peut intégrer, réunir, rassembler.

Le multiculturalisme a échoué. La neutralité est inapplicable et incapable de répondre à l'objectif d'union de tous dans une maison commune. La seule voie possible est l'adoption d'un modèle de référence. J'évoque ici le modèle judéo-chrétien. Il est hérité de notre histoire, il est constitutif de notre civilisation. Il a fait ses preuves en matière d'intégration. Il était notre référence et la base de notre pratique il y a encore quarante ans. Il est d'ailleurs étonnant de constater que personne ne s'interroge sur le déraillement de la « machine à intégrer » à la française, depuis que nous avons abandonné ce modèle pour laisser place à l'expression grandissante des particularismes.

Vous penserez peut-être que moi, le mâle, le blanc, le catho, je m'en tire à bon compte et que sous couvert de promouvoir le bien commun je ne fais que défendre le pré carré d'une France fille ainée de l'Église pour l'éternité. Je vous rétorquerai qu'aucun modèle n'est immuable ; celui que je recommande ne l'est pas plus que les autres. Il faut simplement accepter de s'inscrire dans le temps long des peuples et non être obsédé par l'instant. La Grande Mosquée de Paris a été construite sur fonds publics pour remercier les populations de confession musulmane de leur implication et du très lourd tribut qu'elles ont payé durant la Grande Guerre. Je crois qu'aucun Français, ni hier ni aujourd'hui, ne conteste la justesse de cette initiative. Demain notre modèle judéo-chrétien s'ouvrira peut-être, sous le poids d'événements historiques majeurs, ou d'un rapport démographique qui s'impose au point de devenir une évidence, à des influences nouvelles avec l'assentiment unanime des populations. Je dis modèle de référence, vous me répondrez peut-être modèle dominant. Si c'est une façon de dire modèle partagé par le plus grand nombre, j'y consens. Si c'est en revanche pour qualifier un modèle oppressant et stigmatisant je m'y refuse. La contrepartie d'un modèle de référence, c'est le respect absolu des individus, de leurs origines, de leur histoire, de leur spiritualité.

Ne réclamez pas des maires qu'ils soient des Ponce Pilate, juste bons à faire coexister des populations par le fait de l'effacement de nos valeurs et le renoncement à l'amour de la patrie. Heureusement, les élus communaux ont plus d'ambition et comme toujours, ils sont disponibles et volontaires pour conforter la République. Parce qu'ils sont au plus près du terrain, ils sont les meilleurs agents au service de la construction d'une communauté nationale forte et unie. Toutes les communes recèlent des trésors, d'histoire, de patrimoine, de paysages… C'est ce substrat qui fait la France. C'est par là qu'il faut la faire aimer. C'est par l'apprentissage de l'amour du local et sa mise en perspective en tant qu'élément constitutif d'un tout qu'est la nation qu'on fera aimer la France. Dans une communauté nationale, soudée, confiante et pénétrée du sentiment que tous partagent une adhésion à des valeurs communes, la laïcité n'est plus une question, elle devient une évidence.

Je vous prie de croire, Monsieur le Président des Maires de France, à l'assurance de mes sentiments distingués. »

La bataille de la SOJIMA

Vendée Sud Atlantique compte quelques entreprises leader dans leur secteur d'activités. Implantée à Saint-Michel-des-Landes sur la zone d'activité des Ormeaux, où elle a son siège social et son plus gros établissement, forte de cent emplois, la SOJIMA est de celles-là. Dirigée par Bastien Auvineau, elle est spécialisée dans la récupération et la revalorisation de consommables informatiques. Elle a développé un savoir-faire de pointe dans le domaine de l'économie circulaire grâce à un circuit efficace de collecte de produits usagés, qu'elle soumet à un process de plusieurs opérations industrielles, pour les remettre ensuite sur le marché à travers un réseau de distribution qu'elle a su organiser et déployer. En complément, l'entreprise développe une activité de négoce d'accessoires informatiques qu'elle importe de Chine pour l'essentiel.

Le maintien et le développement d'un tissu économique dense et diversifié est un enjeu capital pour le territoire en termes de création de richesse et d'emplois. Les vertus de l'implantation d'une entreprise en milieu rural sont innombrables. Industrielles, artisanales, commerciales ou de services, individuelles, petites ou grandes, les entreprises sont le cœur battant du territoire, la condition de la présence d'une population jeune aux profils variés, correspondant à la large palette des compétences nécessaires au bon fonctionnement de l'économie.

Derrière l'emploi, il y a le logement dans les communes alentour, les écoles, la dynamique associative, le maintien des services et des commerces locaux… Je suis intarissable sur le sujet. Je suis cependant toujours étonné de devoir mobiliser des arguments et défendre des positions pied à pied auprès de certaines administrations notamment, et parfois même de quelques collègues élus, pour démontrer les bienfaits du développement économique local.

Nous avons appris à bien nous connaître avec Bastien. Fils d'instituteur (ce fut le mien en CM1 à Moutiers-les-Fidèles), plutôt cancre à l'école, tendance déconneur plus que glandeur, rien ne le disposait à être le brillant chef d'entreprise qu'il est devenu. Curieux, astucieux, inventif, audacieux et fédérateur, autant de qualités qui s'enseignent peu dans les écoles de commerce, c'est avec ces seuls atouts qu'il a créé son entreprise et à force de ténacité en a fait une réussite.

C'est au cours d'un de mes passages au débotté à la SOJIMA, juste pour le plaisir de saluer Bastien, qu'il m'exposa en quelques mots son projet à moyen terme. Après plusieurs années d'une gestion rigoureuse, la SOJIMA s'était dotée d'une assise financière solide. Sur son marché, elle occupait une position de challenger. La conjoncture ouvrait des opportunités de croissance externe. Les saisir, c'était la possibilité de devenir leader. Une condition préalable était nécessaire : s'engager à optimiser l'organisation. L'activité, pour des raisons historiques, était répartie sur trois sites distincts, celui de Saint-Michel-des-Landes était de loin le plus important. Les deux autres, l'un dans une commune de l'agglomération nantaise, l'autre dans l'est de la France, étaient certes beaucoup plus modestes, ils n'en demeuraient pas moins des lieux d'activités indispensables à la bonne marche de la SOJIMA. La nécessaire rationalisation des coûts exigeait de tout regrouper en une seule unité. À cinq ans, la position dominante qu'acquerrait l'entreprise laissait entrevoir des perspectives importantes de création d'emplois, presque un doublement de l'effectif. Formidable nouvelle !

Bastien avait besoin de notre aide. Le bâtiment qu'occupait la SOJIMA, positionné sur un terrain étroit, ne permettait aucun agrandissement. Nous devions en toute hâte trouver un nouveau site d'implantation si nous voulions conserver l'entreprise. Formidable nouvelle certes, mais nous étions quand même dans le dur !

En réalité, nous n'étions pas totalement démunis. Nos prédécesseurs élus avaient engagé la démarche d'une extension de la zone d'activités des Ormeaux. Mais en matière d'aménagement du foncier, de l'intention à la réalisation, il y a un monde qui prend la forme d'une éternité. La réalisation d'une zone d'activités c'est d'abord du temps. Le temps des négociations avec les propriétaires du foncier à acquérir. Ils ont des droits, il faut en tenir compte, c'est légitime. Le temps de la discussion avec les agriculteurs, leur perte d'exploitation doit être compensée, c'est légitime. Le temps de la préparation du permis d'aménager, puis de son examen pour vérifier sa conformité au SCOT (Schéma de COhérence Territoriale) et au PLU (Plan Local d'Urbanisme), c'est légitime. Le temps de la réalisation sur le site d'une étude préalable de la faune et de la flore, c'est légitime. Comme il faut bien examiner comment bêtes et plantes se comportent sur le temps complet des quatre saisons, il faut une année entière pour effectuer les relevés et conclusions, c'est légitime. Le temps des fouilles archéologiques, préserver la mémoire des Cro-Magnon et des Pictons, c'est légitime. Le temps de nous défendre auprès de l'administration de l'usage rationnel que nous ferons du foncier, c'est légitime. Le temps de l'assurer que nous ne le dilapiderons pas, c'est légitime. Le temps de démontrer que nous ne pouvons éviter de faire cette extension, que nous ne pouvons la réduire et que nous compenserons par des mesures écologiques l'impact de sa réalisation, c'est légitime. Le temps de réception des avis et autorisations de l'administration, c'est légitime. Le temps de la consultation de la population dans le cadre d'une enquête publique, c'est légitime….

Le temps de l'initiative et de l'entreprise n'est pas celui de la décision institutionnelle et de l'administration. Ce n'est pas une découverte, mais c'est une donnée qu'il est utile de rappeler, notamment à nos technocrates et politiques qui n'ont aujourd'hui que le mot relocalisation à la bouche. Soit dit en passant, ceux d'aujourd'hui, qui récitent ce crédo sont ceux-là même qui nous promettaient il y trente ans une France prospère sans entreprises. La relocalisation, la ré-industrialisation, la revitalisation du rural, c'est aussi de la consommation du foncier. C'est une vérité qui peut déplaire mais qu'il ne faut pas cacher. Je ne suis pas sûr qu'avec nos procédures kafkaïennes nous parvenions à relever le pari, pourtant si nécessaire, d'une France qui produit.

Enfant du pays, Bastien Auvineau est d'abord chef d'entreprise. Il défend les intérêts de sa boutique avant tout. On ne peut lui donner tort. Pour engager son projet, il avait besoin d'assurances, de réponses rapides. Nous étions mal barrés ! Inutile dans ces moments d'expliquer à un patron la complexité et la lenteur du processus. Il est totalement hermétique à ce type de propos. Seul compte à ses yeux l'intérêt supérieur de son entreprise. Nous nous démenions en coulisse pour mettre les bouchées doubles. Mobilisions nos réseaux d'influence. Le président de la Communauté de Communes sollicita le préfet, réexpliqua l'enjeu majeur en termes d'emploi… On examina la possibilité de gagner du temps en faisant se chevaucher des procédures qui ne s'engagent habituellement que l'une après l'autre… Tout fut mis en œuvre.

Le ton entre nous se tendit, Bastien nous mit la pression. Il fit planer la menace d'un déménagement de l'entreprise près de Nantes. Je sus vite qu'il s'agissait d'un avertissement à prendre très au sérieux. Des entreprises comme la SOJIMA sont des pépites, elles font des envieux, notamment auprès d'élus aux aguets. Par mes réseaux, je sus que dans la couronne nantaise, le maire de la commune où la SOJIMA disposait d'un site secondaire avait établi un contact direct avec Bastien. Avec force promesses de subventions, exonérations, rabais sur le prix du foncier, terrains disponibles immédiatement... il lui faisait un gringue éhonté.

Dans la position difficile où nous étions, nous décidâmes de prendre rendez-vous avec notre collègue élu de Loire Atlantique. Il s'agissait d'en appeler à la déontologie, stop au débauchage sans vergogne ! De faire valoir la position d'un territoire rural... Pour nous le maintien et le développement de la SOJIMA était un dossier comme on en a un tous les dix ans, alors que dans l'agglomération nantaise ce n'était rien d'autre qu'un projet très commun

Nous étions encore loin des élections régionales mais déjà les intentions se dévoilaient. Nous savions que le dit maire comptait jouer un rôle majeur sur une liste. C'est une information qui ne nous avait pas échappée. C'est avec Bernard, maire de Saint-Michel-des-Landes que je me rendis au rendez-vous près de Nantes. L'entretien fut glacial. Nous étions les culs-terreux, braves, folkloriques, insignifiants... Notre interlocuteur était déjà bien bon de prendre du temps pour nous recevoir. Il se défendit de tout démarchage : « que le meilleur gagne ! » alors que nous savions tout ce qu'il faisait miroiter à la SOJIMA. Naïfs, nous espérions un gentlemen's agreement, ce fut une fin de non-recevoir. Excédé je sortis de mes gonds. À la stupeur de Bernard, je déballai que tirant exemple de l'affaire SOJIMA, on allait, le moment venu, s'occuper de sa campagne des régionales ! On expliquerait par le menu que son programme consistait à débaucher les entreprises du rural pour les relocaliser dans l'agglomération nantaise ! Ambiance... C'est sur cette note que prit fin, séance tenante, notre entrevue. Bernard eut droit à une poignée de main, pas moi.

C'est par le financement que nous convainquîmes Bastien de rester à Saint-Michel-des-Landes. Tenaces, nous travaillâmes la

Région au corps, la persuadâmes de jouer la préférence rurale. En association avec le Département, mobilisé également, un montage financier permit d'assurer le portage de l'immobilier pour le compte de la SOJIMA. C'était gagné ! Pour le reste, concernant l'aménagement de la zone d'activités, nous réussîmes en partie, grâce notamment à l'action du préfet qui sollicita la diligence de ses services, à compresser les délais et trouvèrent pour le temps d'attente qui demeurait encore trop long, des solutions astucieuses de mise à disposition de bâtiments vacants permettant à l'entreprise de jeter les premières bases de son projet de développement.

En rural, le développement économique est un combat sur tous les fronts. Au près, il faut bien souvent convaincre les siens de la nécessité même de l'engager. Au loin, c'est pot de terre contre pot de fer. L'urbain avec ses moyens et sa force d'attractivité a tout pour accaparer encore et toujours. Vis-à-vis de l'État, la démarche des élus ruraux n'est pas comprise. La technostructure française n'est pas formée à la compréhension du mécanisme de la création de richesse. Elle sait dire et pointer les nuisances, sonores, olfactives, visuelles, les atteintes à l'environnement, la mise en danger des populations... occasionnées par l'implantation d'une entreprise, mais ne sait rien de la création de richesse et d'emplois qu'elle génère.

Camerone

Parmi ses glorieux enfants, Moutiers compte Gabriel de Sairigné : Héros de la France Libre, combattant de Bir Hakeim, Compagnon de la Libération. Lieutenant-colonel de la Légion étrangère, il mourut à trente-cinq ans en Indochine, dans une embuscade, au kilomètre 113 de la route coloniale reliant Saïgon à Dalat. En 2002, Philippe de Villiers, alors Président du Conseil Général de la Vendée, souhaita qu'une statue fût érigée à sa mémoire. Depuis, en bordure de la rue de la 13e demie brigade de la Légion Étrangère, proche du monument aux morts, Gabriel de Sairigné se rappelle au souvenir des moutierrois et des gens de passage.

On ne s'intéresse jamais assez aux statues. Celles de nos villages, trop rares, présences bienveillantes, balises vigilantes, disent la contribution inestimable dans les domaines de l'art, de la religion, des sciences et de la guerre, des fils et filles des terroirs de France à la grandeur du pays.

Le tribut, c'est aussi celui payé par les morts dont les noms sont inscrits aux monuments de la Grande Guerre. Quarante six à Moutiers, sur une commune qui comptait alors un peu plus de mille habitants. Qui pense encore à cette génération fauchée dans la boue et la mitraille ? Les mausolées de 14 -18, sculptures par excellence de nos campagnes, motifs contre l'oubli cousus dans le moindre pli de notre tapisserie nationale, glorifient le sacrifice des paysans de France, autant qu'ils consacrent l'anéantissement d'une civilisation rurale alors à son apogée.

C'est au pied de la statue de l'illustre moutierrois que le Président de la section vendéenne de l'amicale des anciens de la Légion Étrangère décida, en ce mois d'avril 2019, de commémorer le 156e anniversaire du combat de Camerone. Outre les anciens, en grande tenue, quelques officiels représentant les ordres civil ou militaire étaient présents. Des descendants, en ligne directe ou collatéraux de Gabriel de Sairigné avaient fait le déplacement. L'assistance était fournie. Seuls ou en famille, les moutierrois étaient venus. En cette matinée, défaite, victoire... peu importe. Napoléon III, le Prince Président puis Empereur, industrieux à l'intérieur, calamiteux à l'extérieur était bien loin. Oubliée, la désastreuse aventure mexicaine. Qui la connaissait d'ailleurs ?

Non, ce qui rameutait la foule, c'était le drapeau, l'hommage rendu au courage, la fascination pour le sacrifice suprême. Puis surtout, il y avait la Légion et le cortège de son épopée ! Il régnait, en ce jour de printemps une atmosphère singulière qui imprimait au vent léger le rythme lent d'un balancement. On eut dit que l'air était bercé, si bien que nous parvenait, comme par ondulation, le souffle d'une histoire mêlée de chair et de sang, de sable du Sahara et de rizières de l'Annam. La fumée opiacée des bordels de Saïgon, les tatouages fabuleux. La chaude camaraderie des frères d'armes et les serments scellés jusqu'à la mort. Nous touchions du doigt la majesté ésotérique des sanctuaires lointains : Camerone bien sûr et aussi Narvik, Bir Hakeim, Cao Bang. Diên Biên Phu, ses collines, *Huguette, Éliane, Claudine*[1]... Et puis les camps... la vermine...

Le récit du combat de Camerone fut lu, ponctué par la fanfare, avec une grande solennité qu'aucun bruit ne vint distraire tant l'auditoire était saisi. En cet instant, c'est à Moutiers, au Pays profond, que battait le cœur de la Communauté Nationale. Aucun parisien ne le sut jamais.

« L'armée française assiégeait Puebla. La Légion avait pour mission d'assurer, sur cent vingt kilomètres, la circulation et la sécurité des convois.

---

1. Des noms de femme furent attribués par le commandement aux collines et points d'appui qui dominaient la cuvette de Diên Biên Phu

Le Colonel Jeaningros, qui commandait, apprend, le 29 avril 1863, qu'un gros convoi emportant trois millions en numéraire, du matériel de siège et des munitions était en route pour Puebla.

Le Capitaine Danjou, son Adjudant Major, le décide à envoyer au-devant du combat une compagnie. La 3e Compagnie du Régiment étranger fût désignée mais elle n'avait pas d'officier disponible.

Le Capitaine Danjou en prend lui-même le commandement et les sous-lieutenants Maudet, porte drapeau et Vilain, payeur, se joignent à lui volontairement. Le 30 avril, à 1 heure du matin, la 3e Compagnie, forte de trois officiers et soixante-deux hommes, se met en route. Elle avait parcouru environ vingt kilomètres, quand à 7 heures du matin, elle s'arrête à Palo Verde pour faire le café.

À ce moment, l'ennemi se dévoile et le combat s'engage aussitôt. Le Capitaine Danjou fait former le carré et, tout en combattant en retraite, repousse victorieusement plusieurs charges de cavalerie, en infligeant à l'ennemi des premières pertes sévères.

Arrivé à la hauteur de l'auberge de Camerone, vaste bâtisse comportant une cour entourée d'un mur de trois mètres de haut, il décide de s'y retrancher pour fixer l'ennemi et retarder ainsi le plus possible le moment où celui-ci pourra attaquer le combat.

Pendant que les hommes organisent à la hâte la défense de cette auberge, un officier mexicain, faisant valoir la grosse supériorité du nombre, somme le Capitaine Danjou de se rendre. Celui-ci fait répondre: « nous avons des cartouches et nous ne nous rendrons pas ». Puis, levant la main, il jura de se défendre jusqu'à la mort et fit prêter à ses hommes le même serment.

Il était 10 heures… Jusqu'à 6 heures du soir, ces soixante hommes qui n'avaient pas mangé ni bu depuis la veille, malgré l'extrême chaleur, la faim, la soif, résistent à deux mille mexicains: huit cents cavaliers, mille deux cents fantassins.

À midi, le Capitaine Danjou est tué d'une balle en pleine poitrine. À deux heures, le sous-lieutenant Vilain tombe, frappé d'une balle au front. À ce moment, le Colonel mexicain réussit à mettre le feu à l'auberge.

Malgré la chaleur et la fumée qui viennent augmenter les souffrances, les légionnaires tiennent bon, mais beaucoup d'entre eux sont frappés.

À 5 heures, autour du sous-lieutenant Maudet, ne restent que douze hommes en état de combattre. À ce moment, le colonel mexicain rassemble ses hommes et leur dit de quelle honte ils vont se couvrir s'ils n'arrivent pas à abattre cette poignée de braves (un légionnaire qui comprend l'espagnol traduit au fur et à mesure ses paroles).

Les mexicains vont donner l'assaut général par les brèches qu'ils ont réussi à ouvrir, mais auparavant le colonel Milan adresse encore une sommation au sous-lieutenant Maudet; celui-ci la repousse avec mépris. L'assaut final est donné.

Bientôt il ne reste autour de Maudet que cinq hommes: le caporal Maine, les légionnaires Catteau, Wensel, Constantin, Léonhard. Chacun garde encore une cartouche, ils ont la baïonnette au canon et, réfugiés dans un coin de la cour, le dos au mur, ils font face; à un signal ils déchargent leurs fusils à bout portant sur l'ennemi et se précipitent sur lui à la baïonnette. Le sous-lieutenant Maudet et deux légionnaires tombent, frappés à mort. Maine et ses camarades vont être massacrés quand un officier mexicain se précipite sur eux et les sauve; il leur crie: « rendez-vous! « Nous nous rendrons si vous nous promettez de relever et soigner nos blessés et si vous nous laissez nos armes». Leurs baïonnettes restent menaçantes. « On ne refuse rien à des hommes comme vous» répond l'officier.

Les soixante hommes du Capitaine Danjou ont tenu jusqu'au bout leur serment, pendant 11 heures ils ont résisté à deux mille ennemis, en ont tué trois cents et blessé autant. Ils ont par leur sacrifice, en sauvant le convoi, rempli la mission qui leur avait été confiée.

L'empereur Napoléon III décida que le nom de Camerone serait inscrit sur le drapeau du régiment étranger et que, de plus, les noms de Danjou, Vilain et Maudet seraient gravés en lettres d'or sur les murs des Invalides à Paris.

En outre un monument fût élevé en 1892 sur l'emplacement du combat. Il porte l'inscription :

Ils furent ici moins de soixante
Opposés à toute une armée,
Sa masse les écrasa.
La vie plutôt que le courage abandonna
Ces soldats français le 30 avril 1863.
À leur mémoire la Patrie éleva ce monument.

Depuis lorsque les troupes mexicaines passent devant le monument, elles présentent les armes. »

De retour à la maison, je repris le récit du combat de Camerone et cédai à mon incorrigible inclinaison à l'exégèse. À la va-vite, avec une bonne dose de mauvaise foi et l'esprit à la caricature, je tirai de la glorieuse bataille une interprétation détournée pour servir mon dessein.

Il fleure bon les provinces de l'ouest ce Danjou. Ça sent le hobereau qui se distingue de la masse sans la dénigrer. Il y a du La Rochejacquelein chez Danjou : « Danjou le bien aimé » qui jouit de l'estime sincère du peuple. C'est lui qui est à l'initiative, qui décide son supérieur à l'action. Il enrôle la troupe et prend tous les risques. Cœur vaillant, toujours il fait face, quand il commande comme quand il meurt d'une balle en pleine poitrine. Que dire de Maudet et de Vilain, ils sont volontaires et intrépides. C'est l'ardeur du chef qui les galvanise, l'honneur, le drapeau qui les guident et la fidélité à la mission qui les fait tenir. Face à eux l'ennemi. C'est par la perfidie qu'il s'introduit. Sans foi ni chevalerie, c'est par le nombre qu'il s'impose, par le feu qu'il conquiert, par la fumée qu'il disperse. Maine, Catteau, Wensel, Constantin, Léonhard figurent la légitimité ultime, celle du peuple. Aculés, ils sont désarmés. Désespérés jamais, ils sont prêts au corps à corps pour le panache, les camarades, le témoignage d'une grandeur.

Jusqu'au bout il faut défendre l'hacienda!... Comme il faut aujourd'hui sauver le dernier carré du rural français contre les agissements du petit prince de la start-up nation, oublieux du territoire! Face à nous, ultra-majoritaire qu'il est, l'adversaire sans vergogne pratique le mépris. Il tente l'assèchement en contrôlant nos ressources. Il démonétise nos représentants en les cantonnant à la sphère du local, les privant ainsi d'une parole nationale.

En distinguant, dans l'hommage rendu aux combattants de Camerone, officiers et hommes du rang, Napoléon III a commis une faute. Décidément Badinguet[1] n'aura jamais rien compris aux choses de la guerre. Il n'y avait ce 30 avril 1863 sous le soleil de Camerone qu'un seul type d'homme : des héros. Le désastre de Sedan mit fin au Second Empire et l'amputation de l'Alsace Lorraine s'en suivit. *Y penser toujours, n'en parler jamais* enjoignit alors Gambetta au peuple de France. Perdues, les provinces de l'Est demeurèrent, jusqu'à leur retour dans le giron gaulois, irrémédiablement dans le cœur des Français.

L'amputation d'une partie du territoire est un drame mais n'est pas irréversible. Le territoire est une construction, autant

1. Surnom donné à Napoléon III

spirituelle que physique. Il est nôtre par l'esprit aussi sûrement que par la guerre et la conquête. L'amnésie est bien pire. Le cynisme macronien, qui sur le rural consiste à communiquer toujours, ne s'y pencher jamais, ouvre une béance insondable. Un abysse dans lequel s'engloutit l'âme du territoire français.

Mon maire bien aimé

Christian, c'est mon maire, notre maire à tous. Il est d'ici depuis toujours, c'est l'une de ses forces. Son père aussi, sans être son prédécesseur immédiat, fut maire. Christian connait la commune par cœur. Je veux dire avec le cœur et non comme un technocrate, capable comme un chien savant, de mettre la commune en chiffres et en tableaux, de réciter sa superficie, le nombre de ses habitants comme de ses vaches et de ses poulets... Il sait l'histoire des familles, leurs alliances comme leurs mésalliances. Se rappelle qui ici était propriétaire et échangea, il y a près de quarante ans désormais, une parcelle avec son voisin, ce qui fonda une rupture, persistante encore, avec leurs descendants. Il a la mémoire longue des lieux et des travaux réalisés sur la commune : sous la terre, la vieille canalisation d'eau pluviale qui, contre toute logique à priori, passe ici et non là. Le sol dicte sa vérité, s'impose. À une époque, quand on faisait face à un épi granitique, pas d'autre choix que de contourner l'obstacle. En conséquence, une servitude de fait affecte une propriété. Il faut s'en souvenir. Tout est dans la tête, rien n'est écrit. Certains connaissent la carte, Christian sait le territoire.

Exploitant agricole, désormais à la retraite, Christian a été biberonné au syndicalisme agricole. Il en devint même, à l'échelon départemental, l'un de ses principaux cadres avec une présidence de la chambre départementale d'agriculture qu'il assura quelques années. On retrouve chez lui le lointain héritage de la JAC (Jeunesse Agricole Catholique) qui a tant imprimé sa marque dans les terres de l'Ouest. Aujourd'hui, cette filiation disparue a viré au rose pâle en Bretagne, elle est restée bleu pastel dans un large fuseau qui court de la Basse Normandie à la Vendée.

Je partage avec lui tout ou presque. Il y a cinquante ans, nos généalogies respectives nous auraient mis, si ce n'est face à face, en tout cas incapables de collaborer dans un rapport d'égal à égal. Lui, issu d'une famille de fermiers, devenus pour beaucoup d'entre eux exploitants propriétaires à force de travail et de mérite, moi, d'une lignée de propriétaires bailleurs devenus, nécessité financière faisant loi, exploitants agricoles avec souvent un savoir-faire et une excellence qui forcent le respect. Comme lui, j'ai la conscience de ces ascendances, de ce qu'elles disent de nos différences et combien dans nos engagements comme dans nos retenues ont construit la relation qui nous lie.

Ses responsabilités au sein des organisations agricoles lui ont donné l'occasion de sillonner tout le département, au-delà même. Il en a tiré une connaissance en profondeur de la Vendée, de celle qui relève du sensible et non du concept. Je suis toujours surpris et émerveillé de l'entendre évoquer par exemple comment, sur la commune du Boupère dans le bocage vendéen, ou plus exactement dans quelques-uns de ses villages, quelques familles d'agriculteurs, forgées par le christianisme social, ont peu à peu glissé au fil des générations dans un militantisme de gauche, ouvert à l'accueil des « sans », sans logis, sans papier, sans patrie… Alors qu'aux Herbiers à quelques kilomètres de là, si on a certes la fibre sociale, on croit en premier lieu à la force du capitalisme familial qui permet l'investissement, l'efficacité économique et la prospérité qui se déploie au bénéfice du plus grand nombre. Ou encore comment dans le Marais Breton vendéen, beaucoup font le choix de la double activité. Agriculteur, du foin et quelques vaches, on s'est résigné sur ces terres difficiles, vers le Perrier ou Saint Urbain, peut-être par manque d'esprit d'initiative aussi, à être en même temps ouvrier au chantier naval Bénéteau, à Beauvoir sur Mer, pour compléter les revenus.

Christian croit aux forces telluriques, comme si avant toute chose la terre était première, qu'elle emportait un déterminisme. Comme si sa géologie façonnait la trame intime des hommes qui l'habitent.

Sur les bancs du syndicalisme agricole, Christian a hérité d'un sens politique aigu. Il sait prendre le pouvoir, le conserver aussi. Il ne confond pas la stratégie qui donne du sens à l'action et la tactique souvent nécessaire pour engager l'action. Il sait distinguer dans une politique ce qu'elle contient de bénéfique pour le plus grand nombre de ce qu'elle dissimule d'intérêt singulier au profit de son seul promoteur. Il connait les rouages, les réseaux, les cercles d'influence… la façon d'en jouer pour pousser son avantage, comme le moyen d'en faire un point d'appui pour déstabiliser un adversaire. Tout ça lui vaut chez ses détracteurs – peu nombreux – une réputation de paysan madré, moins maire que chef de clan. Ils n'enragent que d'une chose, ne pas avoir son talent, ce qui leur permettrait d'en faire autant.

Au quotidien, sa patience m'impressionne. C'est une expression de sa bienveillance. Il n'est jamais fatigué d'être interpellé par ses administrés, ou s'il l'est se fait une obligation de ne pas le montrer. Un maire est en permanence sous le feu des critiques et des sollicitations. Ici, un trottoir trop sale, là le cimetière qui pourrait être mieux entretenu, avec tout ce qu'on paye d'impôts! « Monsieur le Maire, une place à l'EHPAD pour ma grand-mère, nous sommes quand même une famille moutierroise depuis trois générations! » Et l'accès à l'école qui n'est pas suffisamment sécurisé, un ralentisseur s'impose de toute urgence. Ou encore le président d'association, en colère pour ne pas avoir vu sa subvention augmentée: « avec tout ce qu'on prévoit comme animation cet été... »

Je n'ai jamais vu un encaisseur du calibre de Christian, non qu'il soit insensible, comme beaucoup d'élus, certaines de ses nuits sont hachées, voire blanches, mais parce qu'il est convaincu que la critique est toujours légitime, qu'elle est une voix qui invite à toujours faire mieux. Il prend du temps, écoute encore et toujours, comprend, explique, argumente, réaffirme, propose un rendez-vous complémentaire... il est dans ce registre indépassable.

Pourquoi est-il et restera-t-il un très grand maire de Moutiers-les-Fidèles? Chez Christian parler de sa disponibilité ne serait pas fidèle aux faits. Au vrai, il faut évoquer son ubiquité. Tous, nous pouvons attester sa présence à plusieurs assemblées générales d'association un même soir et pourtant son attention apportée à chacun des participants. C'est en général durant ces moments qu'il démine au téléphone un ou deux problèmes, alerté par exemple par un conseiller municipal sur une difficulté lors d'une réunion de commission, ou sur un tout autre sujet par la brigade de gendarmerie. Cet homme, c'est certain, est habité d'un don de dédoublement.

Les membres du conseil municipal louent aussi sa façon de jouer collectif, de déléguer, de faire confiance. Il sait communiquer l'enthousiasme qui mobilise et donner l'élan qui motive.

Ces qualités sont incontestables. Elles sont importantes certes, nécessaires sans doute, mais cependant insuffisantes à elles seules pour faire de lui un édile qui sort du lot. Non, ce qui fonde sa distinction, c'est sa capacité à être tout à la fois animateur et bâtisseur. C'est une conjugaison rare que de savoir cultiver le quotidien tout en renforçant et posant les fondations de Moutiers-les-Fidèles pour demain.

Si la politique est un art d'exécution, Christian en est l'un des maîtres. Avec lui, Moutiers rayonne comme jamais. Relayées par les associations soutenues par la commune, les manifestations sportives, culturelles... sont nombreuses, sollicitent des publics divers, participent à la prospérité du commerce moutierrois dont l'attractivité n'a jamais été aussi forte. La commune s'embellit, se verdit... L'obsession à maintenir Moutiers en tant que pôle médical riche d'une large palette de praticiens ne connait aucun relâchement... Dans le même temps, des actions structurantes sont engagées. Le réaménagement complet du centre-bourg pour plus de sécurité, de fluidité, d'attractivité restera comme un investissement majeur pour les années à venir, de ceux qui durablement renforcent la légitimité de Moutiers-les-Fidèles dans son statut de petite centralité locale.

La création et le développement à Moutiers d'une antenne de *L'outil en main*, est à mes yeux l'une des actions les plus marquantes engagées par Christian. À certains elle pourra paraître anodine, en fait elle dit tout de la façon dont il habite son mandat de maire. *L'outil en main* est une association nationale animée par une philosophie de la générosité et de la transmission. Des artisans à la retraite, doués d'une connaissance technique proposent de faire découvrir, en dehors du temps scolaire, à des jeunes de huit à douze ans, les caractéristiques d'un métier, l'excellence d'un savoir-faire, la beauté du geste.

Sans démarche préalable de sa part, simplement par le jeu des circonstances, Christian fut informé de cette heureuse initiative. Dès lors, il rassembla toute son énergie pour faire éclore et prospérer à Moutiers une section de *L'outil en main*. Il mobilisa son réseau, localement inégalable, rencontra de nombreux artisans depuis peu à la retraite, leur présenta son intention, sut les convaincre et les séduire. Il y ajouta, au-delà même de l'objet de *L'outil en main*, tout le plaisir qu'il y aurait à se retrouver entre artisans qui au temps de leur activité étaient pour certains concurrents, pour d'autres partenaires. Il excella à démontrer cette idée qui lui est chère : l'associatif est une aventure humaine en premier lieu, la communion d'hommes de bonne volonté. Il organisa des visites dans d'autres communes qui avaient fait l'expérience. Ces déplacements collectifs étaient déjà un bon moyen de souder le groupe, de semer des ferments de cohésion et d'amitié. Il identifia parmi les volontaires ceux qui pourraient jouer un rôle dans l'encadrement et s'appuya sur eux pour créer l'association locale. Il se démena pour trouver un bâtiment, fit voter par le conseil municipal une subvention et sollicita la participation d'autres collectivités.... L'impulsion donnée par Christian, la volonté qu'il y mit firent en quelques mois du projet une réalité. *L'outil en main* rassemble aujourd'hui 45 artisans représentants 12 corps de métiers. Chaque année plus de 30 jeunes sont accompagnés.

Dans la relation singulière qu'entretiennent le jeune élève et l'ancien artisan c'est beaucoup plus que de la technique qui est échangée. Ce qui se joue en vérité, c'est la transmission d'un héritage. Le geste juste, économe, efficace. La propreté de l'établi après le travail, le rangement des outils, chacun à sa place. Le gout du chef-d'œuvre, l'éclat de l'acier lustré, la douceur du bois poli, la clef qui fait la voûte... Christian est forgé au métal inaltérable de l'espérance. Il croit, dur comme fer, à la capacité incoercible des hommes à mobiliser ce qu'il y a de meilleurs en eux.

De battre mon cœur s'est arrêté

Elle arriva comme une fleur. Nous la cueillîmes. « Allo, c'est la mairie de Moutiers-les-Fidèles ?… Je suis cardiologue en milieu hospitalier dans le XVe. Marre de Paris, je veux m'installer chez vous en libéral. » Au bout du fil je crus défaillir. Heureusement, elle avait tout pour prodiguer les premiers secours.

Trois enfants, un mari, Amélie n'en pouvait plus des transports, des bouchons, des trains qui n'arrivent pas quand il faut, de la pollution, de la promiscuité… Elle avait compris que le paradis promis par Hidalgo, ce n'était pas pour les familles. Avec son mari, pour leurs enfants ils voulaient un peu de verdure. Ils s'étaient installés à quelques encablures en dehors de Paris. Elle en payait le prix fort. Levée 5h30 du mat', rentrée 21h30, vidée. Une vie de con dans la conne-urbation. Elle avait par son grand-père des attaches en Vendée dans une commune près de Moutiers, une petite maison désormais occupée 15 jours par an comme résidence secondaire. Parfait pour poser ses valises et se donner le temps de chercher un nid à son aise où toute la famille pourrait s'installer.

Pour son cabinet, ce sera Moutiers, il n'y avait pas à hésiter. Elle avait bien noté que la commune était attractive et jouait un rôle de petite centralité. La possibilité de relier en une demi-heure le centre hospitalier de La Roche sur Yon était aussi un atout. Elle avait prévu, une journée par semaine, de faire une permanence à l'hôpital. De toute façon, compte tenu de la pénurie de cardiologues dans le département, il n'y avait aucun souci à se faire pour trouver, dès son installation, une patientèle.

Bien sûr il fallut se mobiliser, jouer des coudes. Trouver un local pour son installation. Une fois de plus le réseau fut activé et tout près de la pharmacie, un lieu qui convenait parfaitement fut trouvé. Les élus jouèrent les intermédiaires. Le propriétaire conscient de l'enjeu fixa un loyer en conséquence. Toujours prêts, les professionnels de santé de Moutiers se présentèrent, invitèrent Amélie, qui pour eux, c'était acquis, était déjà des leurs, et l'orientèrent vers les bons contacts.

Avec l'ARS les échanges se durcirent. On ne comprenait pas le choix d'Amélie pour Moutiers. Dans le secteur, Luçon à la rigueur et La Roche sur Yon bien sûr étaient les deux seules villes où l'agence prévoyait de soutenir l'installation de spécialistes. Amélie avait fait son budget, il était lourd. Avec tout le matériel de diagnostic et de contrôle nécessaires et les formalités préalables à l'ouverture, la création de son cabinet était coûteuse. Elle avait besoin d'aide au démarrage. Pour l'ARS, c'était oui bien sûr, mais pas à Moutiers. Encore et toujours le rural mis au ban ! Une fois de plus, nous montâmes au créneau, sollicitâmes quelques politiques de haut niveau qui pouvaient en imposer... Au final les autorités finirent par céder. Entre ne pas avoir de cardiologue du tout et en avoir une, quand bien même serait-elle installée à Moutiers-les-Fidèles – quel drame ! – il fallait se rendre à la raison.

Et puis il y avait le mari. Cadre de haut niveau dans l'informatique, il avait peu de chances de trouver chaussure à son pied en Vendée. Son entreprise heureusement disposait d'une antenne à Nantes. À Moutiers, le réseau internet offrait un débit correct mais sans plus. On l'informa de l'arrivée prochaine du haut débit. Le calendrier était connu. Le département, en partenariat avec les collectivités, mettait, à force d'investissements et de travaux, les bouchées doubles dans ce domaine. C'était un choix crucial pour lui, un de ceux qui peuvent faire ou défaire une carrière. Il négocia avec son employeur. Chacun, entre déplacements et télétravail, consentit à un compromis.

Deux ans après notre premier échange téléphonique, Amélie habite Moutiers. Une maison avec un grand jardin. Dix minutes à pied pour gagner son cabinet. Quelques coups de pédales des enfants pour rejoindre école et collège. En couple, elle et lui sont actifs dans l'association de parents d'élèves. Des amis, dans le milieu professionnel d'abord, puis au-delà. Rendez-vous compte, il y a ici des gens qui ont de la conversation et de l'esprit !

La patientèle est abondante, elle se situe en proximité et beaucoup plus loin aussi ; cinquante kilomètres à la ronde environ. À ceux, nombreux, qui s'étonnent de devoir venir à Moutiers pour consulter, Amélie répond invariablement « parce que c'est mon choix et qu'ici je suis heureuse ».

L'HISTOIRE VRAIE DES MASQUES

Je vous parle d'un temps que les moins de vingt ans ne peuvent pas connaître… Un temps pas si lointain en vérité, celui où la France, en pleine crise sanitaire, courait après les masques.

Confronté au virus, le pays, sixième puissance mondiale, était incapable de produire et de fournir à sa population les moyens de sa protection. Panique à bord. C'était l'époque où le gouvernement prenait les français pour des lapins de six semaines. Sibeth Ndiaye, sa porte-parole, nous enseignait que les masques ne servaient à rien et qu'*en même temps* tous les ministres étaient mobilisés vers un seul objectif : en trouver coûte que coûte !

À Moutiers-les-Fidèles on a fait avec les moyens du bord, convoqué le système D : Débrouille, Démerde. Face au système A : Administré, Ankylosé, le match fut vite plié au profit des locaux, comme une revanche de la proximité. Le local démontrait son agilité, sa capacité d'adaptation à toute épreuve. On passait d'une économie d'abondance à une économie de pénurie. Sur le terrain, les maires étaient à la manœuvre. Entre communes, avec le soutien de la communauté de communes, ils raclèrent les fonds de tiroir, se refilèrent les bons tuyaux.

Toujours très opérationnels, aux aguets, les chefs d'entreprises avaient des combines. Par leurs réseaux aux ramifications infinies, leur rapidité d'exécution, ils dégotèrent quelques précieux masques. Ils voulurent d'abord servir les leurs et leurs propres salariés pour continuer à faire tourner leur activité, c'était légitime. On expliqua qu'il y avait d'autres priorités : les professionnels de santé, les EHPAD, les employés des magasins de denrées alimentaires… Sans difficulté, ils comprirent la solidarité nécessaire, l'intérêt supérieur du territoire. Tout ça marchait à la confiance, entre gens d'ici, et non à la convention écrite signée en trois exemplaires avec photocopie certifiée conforme adressée à la préfecture pour visa.

Amandine, la patronne de la mercerie *de fil en aiguille* fut sollicitée. Astucieuse, elle trouva un modèle de masque qui avait l'avantage d'être efficace et rapide à fabriquer. Artisan, couturière spécialiste du sur mesure, pendant plusieurs semaines, jour et nuit, elle s'astreignit à un taylorisme augmenté de stakhanovisme. Pourquoi le fit-elle ? Tout simplement parce qu'elle est d'ici et qu'y sont, enterrés ou vivants, ceux qu'elle aime. C'est la troupe des sans grades qui tient serré la maille du territoire. Avec Amandine, *de fil*, un point par-ci, *en aiguille*, un point par-là, aucun risque de laisser filer.

À l'époque, seuls les commerces dits « essentiels » – dont le périmètre se limitait pratiquement aux produits alimentaires – avaient droit d'ouverture. À Moutiers-les-Fidèles, l'épicerie de centre bourg et la supérette dans la zone d'activités tournaient à plein régime. Dédiés au profit, ces établissements durent en quelques jours affirmer une vocation de service public. Dans la guerre que nous menions, puisque Macron l'avait déclarée[1], les deux magasins avaient sur le front valeur de verrou stratégique. Il fallait tenir la ligne coûte que coûte, la survie de l'arrière en dépendait.

Les appels répétés du patron du supermarché qui se souciait de fournir à son personnel les moyens de se protéger me restent en mémoire. Là encore, des trésors d'imagination et de débrouillardise furent déployés. Une entreprise de Moutiers, spécialisée dans la fabrication d'enseignes, aménagea le guichet aux caisses. Une cloison en plexiglass fut installée afin d'empêcher tout contact direct entre l'opérateur et le client. Un artisan de Moutiers, réparateur de tondeuses, tronçonneuses… proposa les visières de protection dont l'utilisation est recommandée pour débroussailler. Le temps de quelques semaines, les employés prirent l'allure de cosmonaute !

1. Allocution d'Emmanuel Macron le 16/03/2020 : « Nous sommes en guerre. En guerre sanitaire certes… »

Et puis un jour, panique ! Coup de fil alarmé du patron de la grande surface. Perdus par la cacophonie médiatique et politique autour du virus, les informations contradictoires sur sa dangerosité, le flou entretenu sur les réponses pour juguler l'épidémie, les salariés, angoissés pour eux mêmes, leur famille, leurs enfants aussi, menaçaient de cesser toute activité. Le lendemain, tôt, avant l'ouverture nous y allâmes avec Christian. Il fallait haranguer la base, valoriser le collectif, dire à chacun, dans les yeux, combien tous nous comptions sur eux. Comme toujours, Christian sut trouver les mots. Sans emphase, son ton fût tout simplement juste et vrai. Il exaltait la fierté qui sommeille en chacun et invite à répondre à l'appel d'une mission plus grande que soi. Il louait l'esprit d'équipe, les ressources insoupçonnées qu'on y puise, tous attentionnés pour chacun et chacun au service de tous. Et puis, il y avait la force du contact personnel. Christian les connaissait tous, un clin d'œil accompagnait le mot à l'adresse d'une mère de famille à propos de son fils, qui quelques mois plus tôt, s'était distingué lors d'un tournoi de ping-pong. Une main sur l'épaule réconfortait au sujet de la grand-mère rentrée depuis peu à l'EHPAD…

Bien sûr ce n'était pas Verdun – je n'établirai pas, comme certains ont pu le faire, cette comparaison indécente, avec tout ce qu'elle contient d'outrage à l'endroit de nos glorieux poilus – mais il y avait incontestablement de la grandeur dans l'attitude de cette cohorte des entrepôts et des rayonnages. Une phrase de Bernanos me revient : *c'est un leurre de croire que les hommes moyens ne sont capables que de sacrifices moyens.*

Je me souviens, comme si c'était hier, de l'appel de Bastien Auvineau. « Allo Olivier, j'ai par mes fournisseurs chinois la possibilité d'avoir des masques par millions ; aux normes européennes je précise. Mon contact sur place est formel. » Au bout du fil, je reste interdit, bouche bée. Bastien poursuit : « J'essaye depuis cinq jours d'avoir la préfecture, aucun contact, aucun interlocuteur, au mieux on me prend pour un rigolo, au pire pour un escroc. J'ai trouvé le filon, à eux de se démerder. Acheminer ici des quantités aussi phénoménales de masques ce n'est pas mon métier. Vu l'urgence, il faut faire ça par avion. Moi pour mes produits, c'est du container par bateau qui met des plombes à arriver, au Havre le plus souvent, à Saint-Nazaire quelquefois. Et puis, vu l'hystérie planétaire sur le sujet, je pense qu'il faut payer rubis sur l'ongle et direct sur le tarmac encore, si tu veux avoir une chance de charger le zinc. Je ne vais quand même pas financer sur ma trésorerie des masques pour toute la France ! » Le temps de son propos, j'avais repris mes esprits. Avec Bastien, pas besoin de perdre son temps en vérification et recoupement d'information. Je connaissais l'homme et son œuvre, l'affaire était sérieuse.

Il fallait faire vite. Secouer le cocotier. Je pris le parti de m'appuyer sur le levier irrésistible de la proximité. Faire le pari du moutierrois pour débloquer le stock chinois. J'appelai Marcel, conseiller départemental du canton, il avait aussi l'avantage d'être le premier Vice-Président du Département. Élu de terrain, s'il ne connaissait pas Bastien, il connaissait très bien sa famille, tout particulièrement son père, ancien directeur d'école à Moutiers-les-Fidèles, aujourd'hui à la retraite, il avait eu l'occasion de le côtoyer et de l'apprécier. En très peu de mots j'exposai la situation. Marcel demanda quelques précisions, sans plus. Nous nous connaissions et nous faisions confiance, ça valait tous les certificats. Marcel savait ce qu'il avait à faire. Il remonterait l'information au président du Département et ensemble ils interpelleraient le préfet pour le mettre face à ses responsabilités.

Je réitérai l'opération du côté de la région. J'avais de longue date, un bon copain bien placé au cabinet de la présidente du Conseil Régional. Je lui transmis l'information, il joua son rôle, les élus embrayèrent. Je sentis cependant au niveau régional par rapport au département une machine plus lourde à mettre en branle, une courroie de transmission plus longue qui affectait la vélocité de la prise de décision. Et puis surtout il y avait l'éloignement, la distance qui fonde le doute. Comment ça, un type à Saint-Michel-des-Landes qui prétend résoudre la crise de masques ? Vu de Nantes, ce n'était pas très crédible.

Les deux mèches que j'avais allumées avaient leur utilité mais étaient insuffisantes à elles seules pour faire trembler la technostructure. Il manquait un explosif. C'est vers la presse que je me retournai pour faire parler la poudre. Je sollicitai la journaliste qui dirigeait la rédaction de Ouest-France aux Sables d'Olonne. Publié en pages départementales, l'article : « Coronavirus. Cette entreprise vendéenne peut proposer 2,5 millions de masques par semaine »[1] était parfait. Les faits étaient fidèlement relatés. Le choix délibéré d'un ton neutre n'avait pour effet que de mettre en exergue la phrase choc : « Contactées, la préfecture et l'Agence Régionale de Santé n'ont pas donné suite à nos demandes. »

Tout alla alors très vite. Le préfet dans ses petits souliers, l'ARS sur la sellette. La déflagration atteignit Paris. Alerté par le tam-tam vendéen, Bruno Retailleau fit le siège du ministère de l'Économie et des Finances. Il obtint l'amendement du décret qui restreignait la possibilité pour les collectivités territoriales d'importer des masques. Le département de la Vendée engagea auprès de la SOJIMA une première commande de 250 000

---

1. *Ouest-France* : édition Vendée du 20 mars 2020

masques, la région suivit, puis en quelques heures ce fut la flambée. Toutes les collectivités de France, les administrations et au-delà (le ministère belge de l'Intérieur passa à la SOJIMA une commande de masques pour équiper ses policiers !) s'étaient données rendez-vous à Saint-Michel-des-Landes. À la SOJIMA, les salariés et notamment Mathieu le directeur général, personnage clef dans le dispositif, faisaient des miracles. Jour et nuit, ils marchaient à l'adrénaline qui fait les hommes se dépasser. Samedi et dimanche compris, ils se défonçaient pour relever un défi immense et s'enivrer du pur bonheur de dire : « j'y étais, on l'a fait, ici à Saint-Michel-des-Landes, à la SOJIMA ! »

Sollicité, choyé, Bastien était en contact direct avec le plus haut niveau de l'appareil d'État. Nullement impressionné par les égards dus à son statut de « sauveur de la nation » il gardait la tête froide. Il avait compris que rien ne servait d'attendre que l'administration mette au point une logistique. Il négocia lui-même des avions et leurs plans de vol. D'un point de vue financier, certes il y avait des commandes, mais aucun règlement. Bastien prit des risques inouïs, payant sur ses propres deniers au cul des zincs, il fallait bien faire décoller la marchandise. Alors de la Chine, la noria commença et atterrirent à Paris ou à Nantes, des millions et des millions de masques qui prirent la direction des entrepôts de la SOJIMA.

Sur place, toute une fourmilière dédiée à la réception, au contrôle qualité, au conditionnement, au chargement, à l'expédition… s'était mise en mouvement. À Saint-Michel-des-Landes, le site était sous bonne garde de l'armée. Les habitants de la petite commune paisible n'en revenaient pas de croiser jeeps et militaires armés jusqu'aux dents. C'est ainsi que durant quelques semaines, entre mars et avril 2020, La SOJIMA devint le plus gros importateur de masques en France.

Puis il y eut l'apothéose. Le 14 avril 2020, la SOJIMA affréta un Antonov, le plus gros avion-cargo du monde. Il rapporta, d'un coup d'un seul, sur le tarmac de l'aéroport de Nantes-Atlantique plus de dix millions de masques. De quoi charger 14 camions, qui en convoi, escortés par un détachement militaire, rejoignirent Saint-Michel-des-Landes. *Ils ne savaient pas que c'était impossible alors ils l'ont fait.*

Quel enseignement tirer de cette histoire incroyable, mais authentique je le certifie. L'impéritie de l'État ? C'est un scoop éventé depuis fort longtemps. Sa suspicion dogmatique (quasiment religieuse) à l'endroit d'un chef d'entreprise qui pratique le profit, comme certains jadis étaient pointés du doigt pour jouir de l'usure ? Information éculée. Son incapacité crasse à l'agilité et à l'audace ? Rien de très nouveau de ce côté-là non plus.

Non, la révélation c'est que la proximité est une force implacable. En l'espèce, vous aurez noté que plus le lieu de la décision s'éloigne géographiquement du Pays moutierrois, moins celle-ci est rapide et pertinente. Dans le premier cercle, après un effet de surprise, viennent immédiatement l'adhésion et l'engagement dans l'action, alors qu'au niveau régional il y a d'abord le temps de l'incrédulité. Quant à l'État, c'est la défiance qui domine et qui paralyse l'action. Dans notre affaire, prendre le parti du Pays moutierrois pour déverrouiller le stock chinois, c'était la seule solution. Jouer le local, un pari gagnant.

Une histoire de passerelle

Il est 19 heures, je suis à la bourre. Je quitte mon bureau et trace la route. Rendez-vous à 19h30 chez Monsieur et Madame

Lapierre. Il y a quelques jours leur voisin, excédé, a alerté la mairie, au sujet d'une construction réalisée qui ne respecte pas les prescriptions du permis de construire délivré. Je suis passé discrètement sur les lieux quelques jours avant, histoire de préparer le rendez-vous. C'est sans appel. Au-dessus d'une extension de leur maison principale, réalisée à vocation de garage, le couple a installé sur le toit plat une terrasse. Jusqu'ici, pas de problème, tout ceci est conforme au permis de construire validé par la mairie. L'affaire se gâte lorsque Monsieur et Madame Lapierre décident d'accoler à la terrasse, en contiguïté de la propriété du voisin, une passerelle de plusieurs mètres, fixée en hauteur. C'est l'objet du délit, qui dans les faits prend la forme d'un belvédère, « du style discours face au peuple », dont l'accès de surcroît s'opère par un escalier qui vient mourir en limite de propriété voisine.

Je me rends chez Monsieur et Madame Lapierre avec la ferme intention de faire appel aux gens de bonne volonté qu'ils sont sûrement. C'est la marque de fabrique des élus locaux : le dialogue, l'écoute, longtemps, très longtemps s'il le faut. Faire privilégier le bon sens, avoir le souci de l'arrangement amiable, éviter le conflit dans la mesure du possible. Monsieur et Madame Lapierre sont honorablement connus. Artisans, ils ont une activité dans les environs. Ils emploient un salarié et un apprenti.

Lorsque j'arrive, Madame Lapierre est seule avec sa fille, Monsieur est encore au boulot. C'est l'occasion d'échanger sur l'école, l'inscription récente aux activités, danse et tennis. Elle apprécie la vie à Moutiers, quel contraste avec la commune de l'Indre dont elle est originaire. Ici tout est à portée de main, les écoles, les loisirs et sports dans leur diversité, les commerces… Je profite du moment, pour lui parler de la journée-jeu organisée par la mairie à l'attention des enfants ; c'est samedi prochain sur le terrain de foot. En bon camelot, je lui fais l'article, à elle et sa fille : mikado géant, jeux de balle, de l'oie, de cartes !… et une météo qui s'annonce idéale !

Monsieur arrive. Sans nous être rencontrés très souvent, nous nous connaissons. En charge du développement économique sur la commune et la communauté de communes, il m'arrive fréquemment, sans formalisme et à l'improviste de passer dans les entreprises. C'est l'occasion de saluer le patron et faire un petit point sur l'activité du moment. Ça peut prendre dix minutes, comme une heure, si l'interlocuteur est en veine de confidences. C'est une démarche de proximité à laquelle je tiens, toujours gagnante et appréciée. Il y a chez le commerçant, l'artisan et le patron de PME ce ressentiment constant du forçat dont la contribution à la prospérité locale ne serait pas reconnue à sa juste mesure. Créateurs de richesse et d'emplois, les chefs d'entreprises sont un maillon indispensable d'un rural vivant. Les élus, tout au plus, ne sont que des facilitateurs.

Monsieur Lapierre est confus, sa femme ne m'a pas servi l'apéro. Ce sera Martini pour moi, Ricard pour lui. Il est 20h30, on est reparti pour une bonne tranche de discussion. Bien sûr, on commence par l'entreprise. Le souci du moment, me croirez-vous, partagé par toutes les entreprises du coin, c'est la difficulté de recruter. L'activité est soutenue mais freinée, quel paradoxe, par une pénurie de main d'œuvre. Le discours se fait virulent : « on a 5 millions de mecs sur le carreau dans ce pays et on n'est pas capable d'en trouver un seul à embaucher ». Quelques grandes considérations sont convoquées : l'indécrottable immobilité des français ; tous ceux qui au chômage gagnent plus, ou presque, à ne rien faire ; la dévalorisation du travail manuel, les jeunes plus intéressés par le portable que par l'atelier… J'interviens peu, je laisse Monsieur Lapierre vider son sac. En vérité, au niveau communal comme intercommunal et à l'inverse de ce qui peut être fait en matière d'implantation d'entreprises et de développement économique où la palette des politiques qui peuvent être engagées est très large, la capacité à agir en matière d'emploi est, sans être nulle, très limitée. C'est un domaine qui reste l'affaire des collectivités de rang supérieur.

Au troisième Martini, faute de munitions pour alimenter la conversation, ayant fait le constat de notre impuissance, je mets les pieds dans le plat. J'aborde le sujet de la passerelle. Surprise! Monsieur Lapierre l'admet, c'est une connerie de sa part, une provocation même. Il ne porte pas son voisin dans son cœur. « Fonctionnaire à la retraite à 55 ans, c'est pour ça qu'on trime; qui n'a rien d'autre à foutre que de jouer les juges aux allures dans le quartier, à l'affût du moindre pet de travers. On pourrait peut-être s'y intéresser d'un peu plus près à notre cher voisin, Monsieur l'adjoint. Moi je pense qu'il y a beaucoup à dire sur le bordel dans son jardin, sur la gestion de ses poubelles. Le tri sélectif, c'est pour tout le monde, sauf pour lui apparemment. Je veux bien qu'on m'emmerde pour la passerelle, mais à ce compte-là, il faut que tout le monde soit réglo. »

Je joue l'apaisement : il faut faire baisser le ton. Confirme : les règles sont les mêmes pour tout le monde. Promet : je passerai voir le voisin. Assène : pour la passerelle l'infraction est évidente, le démontage s'impose. Je ne cherche pas à lui arracher un oui, il a sa fierté. Je préfère conclure par une auto-validation : « C'est entendu Monsieur Lapierre on fait comme ça ». 21h30 un peu trop chargé en Martini, je quitte les Lapierre. Salue Madame. Peut-être nous reverrons nous samedi autour des jeux pour les enfants.

Des interventions comme celles effectuées chez Monsieur Lapierre, c'est le quotidien des élus locaux. Le domaine où ils excellent, là où ils sont en vérité irremplaçables. Ce n'est pas une question de compétence, bien peu d'élus sont d'ailleurs des spécialistes du droit de l'urbanisme. C'est une question de disponibilité et d'attention. Se déplacer chez les gens, au cœur de leur vie, dans un temps qui s'adapte à leur rythme, dans un lieu qui n'est pas celui du formalisme et du règlement. Être à l'écoute, leur apporter de la considération, partager ce qui fait leur quotidien, prendre du temps, ne pas focaliser en premier sur le sujet qui crispe. Assurer la présence sur le terrain au plus près des gens. Sillonner toujours et encore, voilà la clef. Nous nous retrouvâmes d'ailleurs le samedi suivant, à la buvette autour d'un pot lors de la journée jeu. L'occasion de reparler entre deux verres, de la passerelle, d'en rire même, et de tant d'autres choses. Dans trois semaines, les Lapierre le savent, je repasserai le long de la route qui longe leur propriété pour vérifier ce qu'il est advenu de la passerelle. C'est ainsi que le problème trouvera une résolution.

La sinisation à résidence

Knock, knock, knock... knockin'on heaven's door[1]. Fermées, les portes du Paradis, à Saint-Romain-en-Moutierrois pour cause de COVID. Interdit, au petit matin, le café sur le zinc, avec le journal sur le comptoir, dans la bonne odeur du bar au réveil. Perdus, entre amis, la *première gorgée de bière et autres plaisirs minuscules*[2]. Fanées, les fleurs de Sixtine, notre fleuriste de Moutiers-les-Fidèles. Pour la soutenir, pendant que sa boutique était mise en quarantaine, je lui ai adressé un texte à ma façon, *juste comme ça, pour rien*.

1. *Knocking on heaven's door*, Chanson de Bob Dylan (1973)

2. *La première gorgée de bière et autres plaisirs minuscules*, Philippe Delerm, Éditions L'Arpenteur (1997)

Juste comme ça, pour rien
J'ai pris tôt hier matin
Un beau bouquet chez Sixtine
Ici un peu d'aubépine

Juste comme ça, pour rien
Et là serré par un lien
Des teintes dans le feuillage
Comme une invit'au voyage

Juste comme ça, pour rien
Une envie de faire le bien
Rouge, orange, jaune
D'éloigner le monotone

Juste comme ça, pour rien
Quelques fleurs c'est trois fois rien
Apprivoiser le sauvage
Presque toucher les nuages

Juste comme ça, pour rien
Sixtine et son magasin
« Non essentiel » pour Castex
Dur, injuste ce texte

Juste comme ça, pour rien
Ma fleuriste elle est trop bien
Dis donc Monsieur le Ministre
Quand est-ce qu'on sort du sinistre ?

Juste comme ça, pour rien

Juste retrouver les siens
Enfin quitter la torpeur
Et voir refleurir les fleurs

Il y a quelque chose dans ce virus (chinois ?) d'un agent trouble qui opère, d'un corps étranger qui s'immisce, d'une armée avec les divisions qu'elle instille. Un mode de vie qui vacille, un savoir-être au monde qui cède le pas. À la grande roue de la fortune des civilisations qui dominent la planète, après l'Europe et les États-Unis, le tour de la Chine est venu. Le lointain Empire du Milieu a réussi l'exploit d'assigner tous les occidentaux à résidence, tous aux abris ! La crise sanitaire est le révélateur de notre déclassement.

Je veux croire que nous n'avons perdu qu'une bataille et que de notre étrange défaite, qui à mes yeux sanctionne notre désarmement moral, il faut tirer une alarme salvatrice. Et si notre déroute marquait le clap de fin de la génération 68 ? Cette classe d'âge, unique dans l'histoire, par son égoïsme incommensurable, qui n'est pas seulement celle du *tout pour ma gueule* à laquelle on l'a réduite trop souvent, mais aussi celle du bannissement de toute action collective et notamment nationale. Si la pandémie a démontré une chose c'est que les pays qui ont le mieux résisté – je n'évoque pas ici les dictatures – sont ceux qui sont rompus à l'exercice d'une menace qui nécessite leur union dans le cadre d'une communauté nationale. C'est Israël, seule face aux nations arabes, la Corée du Sud et la crainte du Nord et de la Chine, Taïwan contre la Chine.

La génération 68, au pouvoir depuis un demi-siècle, directement, ou indirectement par l'intermédiaire de ses rejetons, n'échappera pas à un inventaire. Pas de pitié pour les puissants ! Nous avons manqué de clairvoyance. Tout était limpide pourtant, les slogans de 68 disaient tout de la faillite à venir. Derrière les *jouir sans entrave* et *sous les pavés la plage*, il fallait comprendre *tous à Pattaya*[1] ! C'était l'annonce du sacre de l'*homo festivus*, la promesse faite aux occidentaux des plaisirs mondialisés, débridés, pour toutes les bourses. C'était l'avènement du *grand bazar*[2], l'époque où :

À Francfort Dany Cohn Bendit
Jeune coq dans son familistère
Se faisait caresser la bite
Par de doux et frais impubères

L'Église aussi s'est commise dans l'ignoble. Combien de petites victimes innocentes ? Combien de blessures indicibles pour des vies à jamais brisées ? Le *rapport Sauvé*[3] nous livre les chiffres. Ils sont abominables, à la démesure de l'abysse insondable dans lequel s'est perdue l'Église de France.

Quelle différence entre un professeur de droit émérite, bien en vue, qui a son rond de serviette à la table des caciques, thuriféraire de mai 68, qui viole ses beaux-enfants et un prêtre qui tripote un scout entre confession et communion ? Aucune à mes yeux. Tous deux sont des clercs, des curés qui récitent un évangile, même s'il n'est pas écrit par les mêmes apôtres. Tous deux usent de leur charisme comme d'une arme de domination

1. Station balnéaire de Thaïlande réputée pour être un haut lieu du tourisme sexuel pour les occidentaux

2. Dans *Le grand bazar* : éditions Belfond (1975), Daniel Cohn Bendit évoque son activité d'éducateurs quelques années après 1968 dans un jardin d'enfants « alternatifs » à Francfort. Il mentionne les « jeux sexuels » qu'il fait avec les enfants.

3. Rapport Sauvé ou rapport de la CIASE (Commission Indépendante sur les Abus Sexuels dans l'Église) – publié le 05/10/2021

contre leur petite proie. Mais chut, tout ça est inavouable, doit rester dans le petit cercle des initiés. Honte à celui qui rompt la coalition du silence qui tient les membres de *la familia grande*[1].

Le *ne pas perdre sa vie à la gagner* méritait pour traduction *l'avenir appartient à ceux qui ont des ouvriers qui se lèvent tôt.* La ligne de fuite était claire : la fin de l'effort individuel, la déconstruction de l'industrie nationale, la délocalisation, le travail ailleurs à bas coût. Le smartphone produit par des enfants, de préférence ouïghours et en camps, c'est moins cher. Les chérubins de la jetset gardés par la nounou philippine. Les chiottes de la Défense javellisées par la touareg mauritanienne déracinée.

Paradoxe du COVID, bas les masques, le virus a mis à jour le vrai visage de la génération 68. Cinquième colonne, au pouvoir les anciens Mao, trotskos et autres bolchos... ont laissé le pays sans défense, ouvert à tout vent. La menace est là, face à nous, immédiate. Le temps est venu de se redresser et de s'unir sinon de subir. Considérons-le comme une heureuse invitation. Paradoxe encore, c'est sur le théâtre des opérations de l'universel que se joue le sort de nos petits plaisirs domestiques, sur le Yang Tse Kiang que se défendent notre café en terrasse, la fraicheur immarcescible des roses de Sixtine.

Notre art de vivre singulier est au bord du précipice, nos positions menacent de céder, il faut non seulement tenir mais encore ouvrir de nouveaux fronts. Ne bridons pas notre imagination ! L'Afrique se vide de son sang et perd chez nous les meilleurs de ses enfants, le défi d'une nouvelle harmonie des

---

1. Dans *La familia grande* : éditions Seuil (2021), Camille Kouchner évoque son frère, victime de viol et d'inceste de la part de son beau-père, Olivier Duhamel.

deux côtés de la Méditerranée est à relever. Soyons la France de la fraternité des peuples enracinés. L'internationale française réunie les amoureux et locuteurs de notre langue, quelle belle alliance à renouer pour retrouver notre place dans le monde!... Habitons la France et cessons de nous contenter d'y vivre.

L'attachement, matrice du développement

L'appui au développement économique, c'est la grande affaire de mon mandat communautaire. Je m'investis pleinement dans ce domaine où l'action engagée produit des résultats visibles, mesurables sur le terrain. C'est l'un des vrais bonheurs associés aux mandats locaux. La politique y a un sens concret et le politique une réelle prise sur le cours des choses. C'est, je le crois encore, une vérité, même si le poids du formalisme et l'immixtion de règlements toujours plus tatillons dans le moindre interstice des affaires locales amenuisent chaque jour la capacité à agir.

L'humilité reste de mise cependant et c'est là une heureuse invitation à la sagesse. En matière de développement économique, si le rôle du politique est incontournable, il n'en est pas moins insuffisant à lui seul. Pour être réussie, la partition exige le concours d'autres joueurs. L'action collective : voilà un autre motif qui suscite l'entrain. L'élu est tout au plus un facilitateur, un acteur qui rend possible, qui suscite, qui favorise. Il n'est rien sans les porteurs d'idées, d'initiatives et de projets, les chefs d'entreprises, créateurs de richesses et autres preneurs de risques. Rien sans l'envie, le bouillonnement que recèle la société civile, dans chaque territoire je crois.

Le soutien au développement économique est d'abord une attitude, avant d'être un mode d'action qui mobilise des moyens divers. Un élu, selon moi, ne prend jamais aucun risque à dire : « Oui Madame, Oui Monsieur, votre idée m'intéresse, oui j'y crois ». Si le projet s'avère ne pas être fiable ni viable, quoi qu'il arrive il ne se fera pas. Les obstacles sur son parcours, utiles, car instrument d'une sélection nécessaire, sont nombreux. Il y a en premier lieu, l'armée innombrable des pisse-froid aux refrains bien entonnés du ça ne marchera jamais, *ce n'est pas possible...* il y a aussi, les contraintes réglementaires qui peuvent en décourager plus d'un. Ensuite, le financement, qui permet ou interdit. Et enfin le marché, qui dit sa vérité. Dans ce contexte, le rôle de l'élu est de bien connaître le tissu des entreprises et d'établir un lien de confiance avec les acteurs économiques de son territoire, de détecter les idées, d'identifier les pépites... Il s'agit surtout de ne pas se mettre à la place du chef d'entreprise, mais juste d'apporter le soutien quand c'est nécessaire. Il convient d'orienter, de mettre en relation, de solliciter les aides publiques quand il y a lieu...

La réussite économique de la Vendée (faible taux de chômage, socle industriel fort, tissu dense de PME/PMI sur le territoire, diversité des activités...) est reconnue par tous. Cette situation favorable n'est pas le résultat du hasard, ni d'un miracle évoqué par certains qui nous serait tombé du ciel, mais bien le fruit de valeurs singulières qui sont le ressort de la vitalité vendéenne et l'identité même de ce territoire.

Lors d'une soirée organisée par la mairie sur le thème « vivre et entreprendre à Moutiers » qui rassemblait les forces vives de la commune (chefs d'entreprises, professions libérales, présidents d'associations) j'ai tenté l'exercice d'identifier les valeurs qui sont au fondement de la prospérité vendéenne. Le travail a été facilité par l'intervention en début de réunion d'un représentant de la Chambre de Commerce et d'Industrie qui avait pour mission de brosser à grand traits le portrait de l'économie vendéenne. Je relevai sa conclusion. Selon lui, la Vendée, historiquement suspectée, géographiquement enclavée, à l'écart des grands courants physiques comme intellectuels, sans ville majeure, n'avait aucune prédisposition au développement et pourtant elle a fait mieux que tirer son épingle du jeu.

La projection de cinq témoignages filmés de chefs d'entreprises et présidents d'association moutierrois qui décrivaient leurs parcours et leurs initiatives fut un point d'appui complémentaire, à partir duquel je pus déployer ma démonstration. Des lignes de force communes traversaient chaque propos. L'attachement à la famille revenait invariablement. Paul et Marine, un jeune couple qui venait de reprendre l'entreprise familiale expliquaient leur motivation par l'importance qu'ils donnaient à la transmission. Derrière ce mot il y avait beaucoup plus que la passation d'une structure économique d'une génération à une autre, mais bien la volonté de perpétuer les valeurs familiales, la reconnaissance par les jeunes d'un héritage moral constitué par les anciens qu'il convenait de faire fructifier. C'est aussi Christophe, qui avec sa compagne, s'est engagé dans un projet de vie. Quitter la région parisienne saturée de tout, s'implanter en famille à Moutiers pour s'y épanouir et créer son entreprise.

L'attachement au territoire, au local, à la commune s'imposait comme une évidence. Patricia explique : « Je suis partie il y a une quinzaine d'années et j'ai voulu revenir aux sources ». Un retour au pays non pour s'y retirer, comme on bat en retraite, mais bien pour être actrice du développement du territoire qu'elle aime et qu'elle a envie de faire réussir. Comme si, par un ordre non écrit mais entendu de tous, il convenait de revenir pour donner encore plus que ce qui vous a été apporté. L'identité, l'amour du « vieux pays », voilà un moteur de la dynamique.

L'envie, le goût pour l'initiative, l'énergie, l'action, la créativité n'étaient jamais mentionnés explicitement dans les prises de paroles mais là est bien la mécanique du succès. Tout ceci était exposé de façon très simple, de sorte qu'il apparaissait naturel qu'une idée trouve son prolongement dans la réalisation d'un projet. Domitille, créatrice d'une boutique de produits de décoration dit : « Je me suis lancée, tout simplement parce que je suis créatrice dans l'âme et j'aime faire mille choses de mes mains ». Pourquoi se poser trop de questions, je vous le demande ? Pierre-Gilles un autre créateur complète sur le même registre : « j'avais entendu parler de subventions et de dispositifs de soutien. Trop long, trop complexe, trop paperassier… je me suis lancé sans attendre ». Tout était dit, l'initiative c'est la capacité à se saisir d'une idée puis ensuite, par l'énergie et le travail, la transformer en projet.

Le réseau, tissu serré d'entraide, d'échanges, de conseils, de recommandations, de facilitations, d'encouragements sous tendu par la vitalité du mouvement associatif, était mis en avant. Chacun par ses engagements contribue à tisser la trame des solidarités et se trouve dans ce maillage dense de relations interpersonnelles, tantôt en situation de donner, tantôt de recevoir. C'est Paul et Marine encore, qui au-delà de leur entreprise sont investis dans l'association des parents d'élèves, donnent leur temps, leur savoir-faire et tout simplement ce qu'ils sont. C'est Hugues, porteur d'un projet de salle de gymnastique, qui décrit sa facilité d'accès, « sans barrière aucune », aux élus qu'il croise régulièrement dans les associations locales.

C'est là une vertu de la politique locale. Les élus ne sont pas des professionnels de la politique, ce faisant, ils ne sont pas hors-sol et partagent la vie de leurs électeurs/concitoyens. Ils sont parents, mariés, accompagnés, divorcés et pour le cas singulier de Moutiers-les-Fidèles : agriculteur, assistante maternelle, technicien des eaux, conseillère en séjour, conseiller en développement d'entreprises, retraitée, technicien topographe, architecte libérale, technicien nouvelles technologies, secrétaire de direction, agent technique et qualité, assistante administrative, artisan maçon, conseillère en clientèle, technicien de maintenance, commerçante, jardinier/gardien, secrétaire comptable, professeur de sport.

Les paysans de France

Sans doute trouvera-t-on mon propos bien naïf. Il est vrai que l'agriculture est en France un sujet réservé à un cercle d'initiés. Est-ce pour cela qu'elle dévale sur la pente raide du déclin ?

De la recommandation, *l'agriculteur doit nourrir son monde*, qui depuis la nuit des temps, ou presque, (en tout cas depuis le néolithique et la fin de l'économie de cueillette) guide les campagnes et a structuré et dessiné le rural français, nous sommes passés à l'injonction, *l'agriculteur doit nourrir le monde*.

La trajectoire est connue. Après-guerre, dans une France ruinée, il a fallu rebâtir une agriculture capable d'assurer l'autosuffisance au pays. C'est le temps de la mécanisation, de la sélection rationalisée des races et des végétaux… En quelques années le pari est gagné, les paysans de France nourrissent le peuple de France. C'est pour eux une fierté, qui vient récompenser tant d'efforts et de sacrifices. Il ne faut jamais l'oublier.

Et puis tout s'emballe, sous l'influence de Sicco Mansholt[1], la productivité devient le seul critère en matière de politique agricole. D'arrachage de haies en pesticides et en remembrement du parcellaire, on passe d'une logique de suffisance à une obsession d'abondance. Voici venu le temps du pouvoir alimentaire. La France, bon élève de l'Europe, puissance de premier rang, exporte à tout va ses denrées. Elle peut s'enorgueillir de maitriser arme nucléaire et arme alimentaire. C'est un pouvoir de domination exorbitant, indigne au fond. Il confère la capacité de nourrir ses obligés comme de les affamer.

Mais la puissance ne dure qu'un temps, l'histoire des nations nous l'apprend. Les équilibres géostratégiques conclus au lendemain de la seconde guerre mondiale volent en éclat, le glacis soviétique se dégèle, la Chine, non seulement s'éveille, mais s'agite et menace, l'Amérique du Sud, cahin-caha se démocratise… La maitrise des techniques se mondialise… La puissance de l'Occident se relativise. Sur le plan agricole et alimentaire, le temps de l'abondance est révolu, nous entrons dans l'ère de l'outrance planétaire.

Au sein du village désormais planétaire la France perd de sa superbe. La rétrogradation est en marche, inexorable. Le paysan français est malade. Deux médecins se penchent à son chevet. Il y a les jusqu'au-boutistes, productivistes à tout crin. Avec eux, l'impasse est au bout du chemin. Ce n'est pas un constat politique, encore moins idéologique, c'est une certitude

1. Homme politique néerlandais, vice-président de la commission européenne, chargé de l'agriculture (1958-1962)

technologique. Aujourd'hui, compte tenu des connaissances que nous possédons en matière d'agrobiologie, des puissances illimitées que nous savons déployer en mécanique et robotique, cinq pays au monde, parmi lesquels : les États Unis, le Brésil, la Russie… peuvent sans difficulté, à eux seuls, nourrir la planète. L'homme sait, au moins au décuple, satisfaire les besoins alimentaires de tous les hommes. Ce qui ne signifie pas pour autant que tous les hommes mangent à leur faim. Mais il s'agit là d'un problème économique, de solvabilité, qui n'a rien à voir avec la technique.

On pourra s'épuiser en France à multiplier les fermes de mille vaches, les porcheries de dix mille truies, les exploitations intensives de plusieurs milliers d'hectares… rien n'y fera. Sur le marché mondialisé des denrées alimentaires, la corne d'abondance de toute part dégueule d'excédents. Dans cette fuite en avant, nous cumulons tous les handicaps. Nous produisons cher. C'est la rançon d'une qualité de vie à laquelle jamais, de plein gré, nous n'accepterons de renoncer. Brésiliens, ukrainiens (avant la terrible guerre bien sûr), souvent avec l'appui de sociétés aux capitaux mondialisés, mieux encore chinois, qui à vil prix accaparent les terres arables africaines et font de leurs propriétaires ou ayants droit séculaires, de nouveaux esclaves, sont les rois du « *cost killing* », les nouveaux maîtres du jeu.

Et puis nous avons des scrupules. L'histoire de la paysannerie, que pour beaucoup nous gardons encore imprimée dans notre cœur de Français comme une empreinte génétique, notre rapport au vivant, notre relation charnelle à l'espace physique qui fait la France, nous retiennent d'adhérer à ces nouvelles pratiques agricoles sans âme. Techniquement nous savons faire mais philosophiquement, sociétalement, nous ne voulons plus. Il nous faut donc réfléchir autrement, car un modèle agricole technologiquement performant, économiquement efficace qui serait en opposition avec l'opinion et la société est une vue de l'esprit.

Certains, tout près de chez nous, n'ont pas les mêmes pudeurs. Les Allemands, moralisateurs, affabulateurs écologistes, qui en matière d'énergie ont lâché la proie du nucléaire pour l'ombre du lignite, n'ont, dans le domaine agricole, qu'une seule ligne de conduite, celle de l'efficacité, technique comme économique. C'est une leçon que nous n'avons jamais assimilée, les *grünen* sont d'abord des *money makers*. Les verts allemands ont gardé chevillée au corps la puissance de l'aigle germanique, quant aux nôtres, bien français, ils ont Sandrine Rousseau !

En ex Allemagne de l'Est et au-delà, dans leur « ost hinterland », les Allemands font cracher à la terre et aux animaux en batterie le maximum d'euro-marks. Ici l'agriculture est une fabuleuse machine à cash. Il faut dire que l'idéologie nihiliste soviétique a fait sauter les barrières éthiques. Au temps de sa splendeur, le bloc de l'Est produisait des nageuses olympiques est allemandes comme des *Trabant*s sur chaines industrielles. Entre kolkhozes et sovkhozes, le communisme, désastreux sur le plan économique, a installé un rapport exclusivement utilitariste à la terre, désincarné au vivant.

En opposition frontale aux productivistes, un courant dénonce la course vers l'abîme, préconise le repli, la déconnexion, le court-circuit pour notre agriculture décidément mal en point. Permaculture et circuit court, les deux mamelles de la France ! Plusieurs points m'insupportent chez les tenants de cette ligne. Au premier chef, le manque de considération qui est le leur à l'endroit des agriculteurs, de leur revenu et de leur qualité de vie. À leurs yeux, la vocation première, voire exclusive des paysans est de sauver la biodiversité. À eux d'être des jardiniers de l'espace, il s'agit là, veulent-ils nous convaincre, d'une mission suffisamment exaltante, qui confine au mystique, pour ne pas s'abaisser à des préoccupations qui relèvent de l'intendance.

De tout temps, les paysans ont cherché à échapper aux caprices de Dame Nature qui, au gré des aléas climatiques, dispense la manne comme la ruine. Ils ont su mutualiser les risques en diversifiant les cultures, conquérir des marchés pour y vendre leurs produits, se regrouper pour diviser les charges d'investissement comme de fonctionnement, maitriser et déployer des systèmes d'irrigation, de drainage, de stockage… dans le but d'assurer, pour eux-mêmes et leur famille, un revenu décent et le moins irrégulier possible. De tout ça nos écolos-bobos-localos n'ont que faire, dans leur conception de l'agriculture, le paysan n'est jamais considéré comme un agent économique.

La leçon de chose que délivrent *les court-cir-cuistres* ne s'arrête pas là, ils ont en outre en sainte horreur la technique, suspecte par nature. La terre est basse, le savent-ils seulement ? Combien de générations de damnés de la terre se sont ruinées dos et santé, usées beaucoup trop jeunes, à labourer, semer, planter, arracher, récolter… Quand passer de la houe à l'araire est considéré, non comme une concession faite à la pénibilité du labeur, mais une trahison ourdie contre une nature sacralisée, ça en dit long sur le mépris de nos *amish*[1] pour les paysans. Je prends le pari que nous reparlerons de ces jeunes, dont

1. Référence aux propos d'Emmanuel Macron le 15/09/2020 qui ironisait sur les élus écologistes qui préféreraient le modèle amish et le retour à la lampe à huile.

j'admire sincèrement l'enthousiasme, qui tout feu tout flamme se lancent dans la permaculture, quand à quarante ans, fatigués de leur travail et soucieux de faire vivre leur progéniture, ils négocieront des petits arrangements avec l'économie de marché et la technique.

En second lieu, qu'on examine l'écolo-bobo-localisme d'un point de vue extérieur ou qu'on le considère sous un angle intérieur, il apparait toujours comme une idéologie rabougrie, riquiqui. Au niveau national et international, j'entends celui de la France et de sa place dans le concert des nations, derrière le circuit court pointe le court-circuit, le scénario d'une France disjonctée du monde, autarcique. Le localisme, c'est une France qui perd le goût du large, de l'universel (quitte parfois à en être arrogante admettons-le), qui renonce à la générosité qu'elle porte pour le monde. La France du circuit court, c'est une France aux idées courtes, réduite aux acquêts. Une France pour des urbains fatigués, à qui on vend la promesse d'un havre de paix dans un rural mis sous cloche. Le localisme prôné par la Jadot compagnie et par la firme Le Pen est un national rabougrisme.

Vu de l'intérieur, deux idées qui se font concurrence prévalent. La première, folle, au nom de laquelle le modèle économique agricole doit être le même, qu'on cultive le blé à l'infini dans la vaste plaine beauceronne ou qu'on élève quelques brebis à flanc de coteau sur les prairies arides, en bordure du Causse Méjean. C'est la tabula rasa écolo. Ignorée, la fabuleuse diversité de notre espace physique. Gommée, la capacité d'adaptation multiséculaire des paysans de France qui a généré des pratiques culturales endémiques et des paysages caractéristiques.

La seconde, absurde, correspond à celle d'une France cloisonnée, une France à la découpe. Le circuit court est une fuite sans fin qui confine au microscopique, au sectaire. Il y a toujours un ayatollah pour prêcher un circuit toujours plus court, à l'échelle du pays, du département, du village, du hameau, du feu… Le localisme de Yannick Jadot et de Marine Le Pen est un national riquiquisme.

Productivisme et localisme sont deux impasses qui se font face. Quelles solutions alors ? Ennemi de la *solutionnite*, je ne m'aventure pas sur ce terrain. Peut-être, en revanche, peut-on pointer des directions. Je suis tombé sur un article épatant dans Ouest-France : *du chanvre normand pour fabriquer des jeans*[1]. Plusieurs points m'ont plu dans cette bonne feuille. D'abord, l'innovation, l'ingéniosité et l'audace des promoteurs du projet. Puis la constitution d'une filière, avec un amont en production agricole qui coule vers un aval qui comprend des process de transformation industriels et enfin la confection de produits finis de qualité qui correspondent à une demande sur le marché. On est loin du productivisme qui est positionné sur le *mass market*, ici on privilégie une niche avec une demande dont on a bien identifié les caractéristiques et les clients. À des années-lumière aussi de l'esprit du localisme qui porte dans ses gènes la haine de l'industrie.

Une agriculture française demain, pour se nourrir bien sûr, mais aussi se vêtir, se déplacer, s'éclairer… Qui assure le revenu de ses agriculteurs et assume le progrès technique, c'est la condition de la réconciliation avec nos paysans. C'est aussi le moyen de notre souveraineté. Le drame ukrainien, nous rappelle cette vérité première : l'autonomie alimentaire des

1. *Ouest-France* : édition du 3 septembre 2021

peuples est précaire. Faisons de notre agriculture un outil de notre indépendance.

Poussons cette logique jusqu'au bout, étendons là au monde. Mobilisons notre envie si française d'universel, rêvons. Renonçons au pouvoir alimentaire, indigne, de toute façon nous n'avons plus les moyens de l'exercer. Prenons la clef des champs pour déverrouiller les portes interdites. Imaginons, comme il y a des french doctors, qu'il puisse y avoir des french cultivators. Non pour exploiter (j'emploie le mot à dessin) à la place de, mais bien pour se mettre aux côtes des peuples frères. Croyons au pouvoir des idées généreuses. Permettre à chaque pays, ou sous-région, d'être autonome dans son alimentation, voilà un projet qui serait de nature à rééquilibrer l'asymétrie Nord/Sud des niveaux de développement, à réguler les flux migratoires, des démunis/dépossédés vers les pourris/gavés, bref, à apaiser la géopolitique des tensions qui gouverne l'ordre (ou plutôt le désordre) mondial. Voilà un projet à hauteur de France. Un projet pour le temps long, les cent ans qui viennent (autant dire une éternité par les temps qui courent). Une flamboyante ligne d'horizon pour notre jeunesse.

Le génie rural

Lors de la réception qui suivit les discours, à l'occasion de je ne sais quelle coupure de ruban, je me retrouvai à trinquer avec le maire d'une commune, qui n'est pas une mégalopole je vous l'assure, mais qui portée par ses élus ne rêve que de grossir. J'avoue que je restai coi, lorsque tout de go, il déclara : « tu sais Olivier, depuis l'empire romain tout ce qui s'est fait de grand s'est fait en ville ! ». J'étais KO debout, sans réaction. Ainsi, depuis plus de deux mille ans, le rural n'aurait rien produit de grandiose ni de sublime ? Il serait resté passif, rien d'autre qu'un espace en réserve, en attente de son grignotage par la ville qui gagne irrémédiablement : un espace offert à la soumission par l'urbain. De retour chez moi, je me promis de lui répondre. En vérité, c'est à cet instant que commença l'aventure de ce livre.

Dans la précipitation, la main impatiente de laver l'affront, le crayon rageur, je dressai à la va-vite la liste infinie des hauts faits du rural, à jamais ancrés dans la mémoire et le cœur des français : la riche damasserie des cultures qui tapisse la France d'un nuancier aux couleurs infinies, elle est urbaine peut-être ? La maitrise de l'eau, pour drainer comme pour irriguer, grâce à laquelle l'homme a façonné les paysages à couper le souffle de Camargue et du Marais Poitevin, c'est à la ville qu'on l'attribue aussi ? Décidément on ne prête qu'aux riches, citadins usurpateurs. Et puis il y a la chasse, l'art cynégétique, le rapport de l'homme à l'animal, chassé ou chasseur, gibier ou serviteur, tétras et lièvre ou chien et cheval. L'affût, la ruse, le tir… qui de l'homme ou de la bête est le plus sage ? Et aussi l'abbaye de Cluny, phare de la chrétienté, renouveau de la culture d'occident, après le déclin de Rome, l'arrêt signifié aux barbares…

Et encore, que dire de notre alimentation, du patrimoine inestimable qu'est notre gastronomie, du trésor vivant que sont nos vins ? De la culture de la vigne, cette liane sauvage que l'homme a su domestiquer et que nos vignerons ne cessent d'élever depuis ? Boisson des Dieux, plaisir, effusion, transport et ivresse… *Et bois comme une pure et divine liqueur le feu clair qui remplit les espaces limpides*[1]. La table et ses plaisirs sont notre culture, ils ont fait de nous singulièrement et collectivement ce que nous sommes,

1. Référence au poème *Élévation* de Charles Baudelaire

façonnés notre goût, éduqués notre sensibilité, cultivés notre art de la relation et de la convivialité. Mets et vins, une histoire si française, nous y sommes viscéralement attachés, mais sommes-nous encore fidèles aux hommes et aux terroirs qui les font ? France, qu'as-tu-fait de ta saveur ?

La colère peu à peu se dissipa, je me fis plus sage, privilégiai le discernement. *Le Roman Courtois* qui fixa les codes, qui encore aujourd'hui constituent le soubassement dans nos sociétés de la relation homme-femme, est-il issu du rural ? En tout cas, une chose est sûre il n'est pas né dans les officines bourgeoises, encore moins dans les milieux urbains. Trouver une femme charmante, prendre plaisir à converser avec elle sans pour autant la désirer, choisir en quelque sorte de donner corps à l'esprit, c'est le cœur de la relation qui fait chez nous l'harmonie entre les sexes.

Il y a aussi l'art roman, par nature dédié au milieu rural. La France des 45 000 clochers c'est le roman d'amour de notre terre. Alors bien sûr, comme tous les petits français, au collège on m'a enseigné en un seul cours, un seul, le Roman comme un art empêché. Dans ce moyen-âge sombre, pouilleux l'homme ne savait faire mieux que de petites ouvertures, à la mesure de son étroitesse d'esprit sans doute. Tout juste était-il capable de monter quelques pierres les unes sur les autres, limité qu'il était par la seule connaissance de la voûte en plein cintre. Et encore fallait-il pour tenir l'ouvrage, des contreforts épais et trapus, inélégants. Un art faute de mieux en quelque sorte. Puis vinrent les hommes du Gothique qui savaient, grâce à la croisée d'ogives percer le secret de la lumière, aux arcs-boutants monter des voûtes jusqu'au ciel. Ainsi il y aurait le Roman, rural, par définition obscur et borné et le Gothique, urbain, forcément lumineux et ouvert.

Puisque nous sommes dans le Roman, je veux raconter une autre histoire que celle officielle. Partager avec vous une expérience singulière. Par une journée d'été flamboyant, quand le soleil pointe au zénith, entrez dans l'église Notre Dame de l'Assomption à Angles[1] (à dix kilomètres à peine de Moutiers-les-Fidèles). S'il n'y a personne, posez-vous dans le choeur. C'est la fraicheur d'abord qui impressionne, presque comme une caresse. Un clair-obscur qui apaise, tout ici invite à l'ascèse. Faîtes silence... Alors peut-être éprouverez-vous une conviction qui m'est chère. Avant que d'être une morale pour la route, Dieu est d'abord une rencontre, une expérience sensible. Le souffle d'une brise légère, un effleurement de la peau.

Le Roman est une sensation, une invitation. Tout l'opposé du Gothique qui par sa perfection est une provocation. Le Gothique, c'est l'art de l'insolence. Dans la pierre il annonce déjà les Lumières, l'homme qui veut se faire aussi grand que Dieu, investir le ciel. Il est l'art de la performance, de l'excellence, alors que le Roman, tout en humilité, est celui de l'homme à sa juste place, celui du désir d'excellence.

Un chevreuil sauce grand veneur arrosé d'un Gevrey-Chambertin ; le bon plaisir de deviser avec une femme ; la proposition d'une rencontre avec Dieu dans le chœur roman d'une église, voilà la contribution du rural à la France. Presque rien en effet, juste ce qu'on appelle une civilisation.

---

1. À Angles le chœur de l'église est de style roman. Le reste de l'édifice est caractéristique du style Plantagenêt (dit aussi gothique angevin).

Table des matières

LA GESTE

www.gesteditions.com

Par ce logo, nous témoignons d'une volonté de réduire les impacts environnementaux liés aux activités de l'imprimerie. Nous choisissons un imprimeur impliqué dans la réduction des gaz à effet de serre. Le choix de nos papiers assure que la production a été faite à partir d'un produit à base de bois et a suivi le cahier des charges d'une gestion durable des forêts européennes. Achevé d'imprimer chez CPI Firmin Didot (174979) en France en mai 2023 pour le titre « Carnet de bors d'un élu vendéen »
Mise en page : Mélody Coupey - héméra-graphic.com

Dépôt légal : premier semestre 2023

11, rue Norman-Borlaug
79260 La Crèche
05 49 05 37 22
contact@gesteditions.com